MÖT MIG NU SOM DEN JAG ÄR

om gemenskap och ärlighet i kyrkan

Bilden på omslaget är en akrylmålning (90x130 cm)
av konstnären Lotta Wallin Persson.

Motivet är hämtat från ett kloster i södra Frankrike,
På Instagram (art_by_lowa) presenterar hon den med
följande ord:

"La Chartreuse de Valbonne i södra Frankrike,
en plats där människor i århundraden levt och brottats
med sin tro, sina böner och sin andlighet.
I varje sten såg man avtrycken - i de nedslitna golven,
i väggarnas struktur, spår av liv.
Det finns de som gått före och trampat upp stigarna.
Vi har att följa. Och någon kommer oss till mötes."

(Originalmålningen hänger på
samtalsmottagningen *Dialogen* i Stockholm)

Larsåke W Persson

MÖT MIG NU SOM DEN JAG ÄR

om gemenskap och ärlighet i kyrkan

© 2025 Larsåke W Persson
Omslag: Charlotte Persson
Foto: Anders Johnson
Texter ur Bibel 2000 © Svenska Bibelsällskapet
Förlag: BoD · Books on Demand, Östermalmstorg 1,
114 42 Stockholm, Sverige, bod@bod.se
Tryck: Libri Plureos GmbH, Friedensallee 273,
22763 Hamburg, Tyskland
ISBN: 978-91-8080-742-5

Innehåll

Förord

Inspirationen till den här boken har jag fått av tre korta texter från några olika sammanhang. Tillsammans har de gett mig anledning att reflektera över erfarenheter i mitt eget liv, men också över människor som jag mött, både privat och i min yrkesverksamhet som pastor, lärare och själavårdare.

Den första inspirationskällan är ett gammalt barnprogram på TV som hette »Fem myror är fler än fyra elefanter«. Liksom i många svenska hem var det ett stående inslag i vår familj när barnen var små. Skådespelarna Magnus Härenstam, Brasse Brännström och Eva Remaeus underhöll barn och vuxna med roliga sketcher och visor, blandat med undervisning om bokstäver och siffror. Programmet som började sändas 1973 och sedan har återkommit i ett antal repriser, var ett i mitt tycke lysande exempel på en lyckad kombination av underhållning och undervisning för både barn och vuxna.

I programmet förekom en liten sång med text av Magnus och Brasse och musik av Bengt Ernryd:

> Där är där man inte är.
> Här är här där man är.
> Och här har man alltid med sig.

Gång på gång upprepades lägesbeskrivningarna »här« och »där« och visan slog fast som några viktiga fakta att »här är här där man är« och »där är där man inte är«. Självklarheter kan man tycka, för hur skulle det kunna vara på något annat sätt? Ändå återkom de gång på gång, och det kommer de att göra även i den här boken. I till synes enkla sanningar

7

finns ofta djupare nivåer, och det gäller i högsta grad raderna i visan från »Fem myror...«. Samtidigt som barn lärde sig att skilja mellan olika rumsadverb kunde vuxna få sig en nyttig tankeställare. Det är ju inte alltid sant att »här är här där man är«. Åtminstone är det inte hela sanningen. Alla har vi erfarenhet av att våra tankar är på annat håll. Om inte annat märker vi när andra inte är riktigt närvarande.

Vår mänskliga simultanförmåga är på gott och ont. Ibland är det naturligtvis en tillgång att vi kan göra fler saker samtidigt, men andra gånger kan den göra oss splittrade. Vi kan till och med bli kluvna så att vi visar upp en utsida som skiljer sig från det vi är och har innerst inne. Det leder till att vi inte riktigt vet var vi har varandra eller vad som är äkta och falskt i människors ord och beteende. Den fyndiga vistexten är faktiskt tillämpbar på många olika områden, även i kyrkan och själavården.

Den andra inspirationskällan är de fyra korta textrader som blivit kända som *Sinnesrobönen* och brukar tillskrivas den tysk-amerikanske teologen Reinhold Niebuhr. Ofta förknippas den också med Anonyma Alkoholister och andra tolvstegsgrupper och förekommer i sinnesrogudstjänster över hela vårt land.

Gud, ge mig sinnesro
att acceptera det jag inte kan förändra,
mod att förändra det jag kan,
och förstånd att inse skillnaden.

Förutom att vara en bön till Gud om sinnesro, mod och förstånd kan Sinnesrobönen också fungera som ett redskap när man ska sortera bland livets mångahanda utmaningar. Alltför ofta tror jag vi lägger kraft på sådant, som vi ändå inte kan göra något åt, och kanske inte ens har med att göra, sådant som är där vi *inte* är. Tillsammans med visan från

»Fem myror...« kan därför Sinnesrobönens ord hjälpa oss att få bättre fotfäste i vårt här och nu – och inför de steg vi har närmast framför oss. Chanserna att uträtta något vettigt här i världen och förbättra vår egen livssituation är naturligtvis mycket större där vi *är,* än där vi *inte* är.

Den tredje texten, som också gett boken dess titel, har samma tema som de två tidigare. Det är en liten sångvers från den kristna Iona-kommuniteten i Skottland, skriven av prästen John Bell och översatt till svenska av Victoria Rudebark

Möt mig nu som den jag är.
Håll mitt hjärta nära dig.
Gör mig till den jag ska bli
Och lev i mig. (PoS 842; Sv ps 767)[1]

Dessa ord är tillsammans med bokens undertitel – om gemenskap och ärlighet – ett återkommande tema i den här boken. Det handlar om relationen mellan oss som individer och de sociala sammanhang i vilka vi ingår, inte minst i kyrkan. En mänsklig gemenskap där man både kan vara ärlig mot sig själv och samtidigt känna en djup samhörighet i en större gemenskap tror jag många längtar efter. Men tyvärr är den kombinationen inte någon självklarhet. I vissa sammanhang kan samhörighet erbjudas på bekostnad av ärlighet. Personer för vilka ärlighet och sanning är livsviktig kan då känna sig obekväma och hamna i ensamhet. För egen del vill jag inte ge upp förhoppningen om att den kristna församlingen ska kunna vara ett sammanhang med både gemenskap och ärlighet, där vi, var och en, kan känna oss sedda och

---

1 När jag hänvisar till psalmer som finns i den gemensamma delen för *Svenska psalmboken* och den frikyrkliga *Psalmer och Sånger* (nr 1 – 325) använder jag beteckningen »Ps«. För psalmer som endast förekommer i *Svenska psalmboken* skriver jag »Sv ps«, medan jag betecknar psalmer som bara finns i *Psalmer och Sånger* med »PoS«. När en psalm finns såväl i Sv ps som i PoS, men med olika nummer, anges båda numren.

respekterade som de personer vi är.»Möt mig nu som den jag är« är därför en bön och önskan som vi både kan rikta till Gud och till varandra.

Med utgångspunkt i dessa tre korta texter reflekterar jag över gamla och nya erfarenheter i mitt eget liv, i kyrkan, framför allt i den svenska frikyrkligheten, och i samtalsrummet[2] där jag mött människor som sökt själavård.[3] De olika kapitlen är grupperade i fem delar utifrån följande fem fokus som delvis överlappar varandra i olika delar och kapitel.

1. »...som den jag är«; om varje människas unika livsberättelse
2. Lemmar i samma kropp; om solidaritet och ärlighet i en kristen gemenskap.
3. Fromma ord eller tomma; om att mena vad man säger.
4. Ovan där och redan här: om Guds närvaro här och där.
5. Här är här där jag nu är: om mig själv på väg mot 80.

---

2 »Samtalsrummet« använder jag som en samlande beteckning på olika platser där enskilda samtal äger rum, oavsett om det handlar om psykoterapi, kristen själavård eller andlig vägledning.
3 »Själavård« använder jag som en övergripande beteckning för all den samtalsverksamhet som bedrivs både av psykoterapeuter, pastorer och andra själavårdare. Enligt min mening kan alla dessa yrkesgrupper i vid mening sägas vara »själavårdare«. Förvisso finns det både metodiska och ideologiska skillnader mellan olika former av människovård, men i den här boken går jag inte närmare in på dessa.

Varför ännu en bok?

»Varför skriver du ännu en bok, och vem tror du kan ha intresse av att läsa den?« De frågorna har jag ställt till mig själv många gånger under arbetet med mitt manuskript, och kanske finns det personer i min omgivning som ställer samma frågor. Relativt nyligen har jag ju i ett par andra böcker delat med mig av både livshistoria och reflektioner, och i den här boken får de flesta läsare inte veta något nytt och spännande som de inte redan kände till. Inga nya forskningsresultat har jag heller att redovisa. Precis som i visan från »Fem myror ...« är det i stället mycket i det jag skriver som är självklarheter. Samtidigt vet jag ju att det ibland finns all anledning att reflektera över hur våra självklarheter egentligen stämmer med de verkligheter där vi lever.

Det är väl med detta som med en badrumsspegel. Den är sig lik varje dag, kanske under många år. Ändå kan den berätta något nytt varje gång vi tittar i den, och hela tiden kan vi upptäcka förändringar som ägt rum med oss själva. Ungefär den funktionen har nog mitt skrivande haft för mig själv med tanke på den blandning av minnen, reflektioner, personliga vittnesbörd och aktuella åsikter som jag har samlat ihop. En och annan upplysning kanske jag också har lämnat om sådant som inte alla läsare kan förväntas känna till – liksom några själavårdande råd till både enskilda och grupper.

Stundtals har skrivandet varit ett inre samtal med människor som jag mött i olika sammanhang och som jag vet kan känna igen sig i det jag skriver: vänner, studenter, församlingsmedlemmar, kollegor och konfidenter. En del av detta samtal är säkert av störst intresse för läsare med en frikyrklig bakgrund, men mycket tror jag är existentiella frågor som de flesta människor funderar över. Jämnåriga kollegor får tillfälle till jämförelser med egna erfarenheter, yngre kollegor kan förhoppningsvis ha intresse av en äldre pastors reflektioner, och en del läsare tycker kanske det är intressant att få veta lite om hur det är att ha kyrkan, predikstolen och samtalsrummet som arbetsplats.

Om det i anslutning till de olika kapitlen hade funnits frågor för reflektion och samtal skulle de ha handlat om vad du som läsare känner igen i min framställning och kan identifiera dig med, liksom sådant du inte känner igen eller har annorlunda erfarenheter av. Men nu har jag ju redan ställt de frågorna, och då tänker jag att du som läsare bär dem med dig och minns dem även om de inte upprepas senare i boken. Sist i boken finns dock några enkla tips och frågor, både för egen reflektion och för gruppsamtal.

Skulle du som läsare vilja samtala med mig om de tankar som väckts av läsningen är du välkommen att höra av dig till mig på mailadressen som finns sist i detta förord. Skulle ni i er församling vilja ha min medverkan i en föreläsnings- och samtalskväll omkring bokens ämnen ställer jag gärna upp i mån av tid och möjlighet.

Österhaninge i mars 2025
Larsåke W Persson
larsake.w.persson@gmail.com

DEL 1. »...SOM DEN JAG ÄR« – OM VARJE MÄNNISKAS UNIKA LIVSBERÄTTELSE

Här är här där man är

»Här är här, där man är« är ett påstående och en position som stämmer för oss alla. Med ett antal siffer-koordinater går det att bestämma var på jorden vi befinner oss. Men detta geografiska faktum är inte hela sanningen om vilka vi är, kanske inte ens om var vi egentligen befinner oss. Med våra kroppar, våra känslor, våra tankar och drömmar kan vi samtidigt vara både här och där, och på många sätt är människan ett mysterium som kan betraktas ur olika perspektiv.

Det faktum att »här är här där man är« kan vi förhålla oss till på olika sätt. En del trivs bra med sitt »här«, särskilt om de själva har valt sin plats och är i sitt esse där de är. Andra vantrivs och skulle göra nästan vad som helst för att komma bort från en svår situation, till exempel från en svår sjukdom, med vilken de är så illa tvungna att leva. Ja, inte ens för sig själv vill de kanske kännas vid att de är där de är, än mindre låta någon annan veta det eller se dem i sin belägenhet.

Den naturliga frågan när vi vantrivs där vi är, är om vi bör acceptera situationen som något ofrånkomligt eller om den kan förändras till det bättre – eller att åtminstone vår egen attityd till de faktiska omständigheterna kan förändras. Kanske finns där livsmöjligheter, trots plågsamma begränsningar. Sorgliga påminnelser om förlust och begränsning – till exempel en hörapparat eller en rullstol – kanske man kan lära sig att acceptera, inte bara som nödvändigt onda ting utan som välkomna hjälpmedel till ett bättre liv.

Oavsett vilka känslor vi har för vår belägenhet »där vi är«, måste vi dock bejaka den som ett – åtminstone tillfälligt – faktum. Där finns i varje fall den nödvändiga utgångspunkten

15

både för accepterande och förändring av situationen. Det är där man måste börja. Precis som för mannen som tappat sina nycklar gäller det att leta efter dem där man tappade dem och inte under en gatlykta en bit bort eftersom det är ljusare där. Ingen av oss ska dock förbli där vi är. Det är också en viktig påminnelse. Nuet är som ett transitland som vi passerar igenom på väg mot ett »där«, där vi ännu inte är. För att kunna hålla kursen måste vi ibland fästa blicken längre fram, just som vi påminns om i orden »Möt mig nu som den jag är«, där texten utgår från vårt *här och nu* men siktar mot framtiden.

Störningar i vår närvaro

Inte ens när vår tillvaro är gynnsam är det lätt att alltid vara riktigt närvarande i vår här-och-nu-situation. Olika faktorer kan hindra oss att vara koncentrerade på det vi har närmast framför oss och borde ta itu med. Störande impulser kan komma både »bakifrån« (det förflutna), »framifrån« (framtiden), »utifrån« (från omvärlden) och »ovanifrån« (från krävande ideal).

Tankar om det förflutna och framtiden

Minnen från det förflutna kan vara både lyckliga och sorgliga. Ibland kan det vara gott att vila i goda minnen från vår krafts dagar och av benådade ögonblick, men de kan också locka oss tillbaka till det förflutna och ge näring åt vår längtan tillbaka till »den gamla goda tiden«. En annan sida av goda minnen är att de kan väcka vemod över att den tiden är förbi, inte minst om nuet är sorgligt och besvärligt.

Plågsamma minnen kan också jaga ifatt oss och få oss att tappa fotfästet i nuet. Skam och misslyckanden som vi inte kan glömma hur gärna vi än ville: skuldkänslor och självförebråelser för sådant vi gjorde, eller försummade att göra, och ånger över vägval som visade sig leda till olycka. Vår närvaro här och nu kan faktiskt också störas av tankar om framtiden. Inte bara farhågor och onda aningar inför morgondagen kan förmörka vår nu-situation. Även glada förväntningar inför sådant vi ser fram emot kan få tankarna att flyga i väg bort från vårt här och nu. Att ta ut framtiden i förskott kan paradoxalt nog både ge oss kraft att leva och ta kraft ifrån oss »här, där vi är«.

Störningar utifrån

Alla är vi utsatta för ständiga impulser som kan göra oss splittrade och mentalt frånvarande. De kan komma både från vår närmaste omgivning, genom nyhetsförmedling och sociala media. Med några knapptryck kan vi röra oss vart som helst i både tid och rum, och bli upptagna av sådant som vi egentligen inte är personligen berörda av och inte heller kan göra något åt. Algoritmernas makt över oss på nätet har blivit en stressfaktor som skapar ett beroende av ständigt ny stimulans. Kanske märker vi inte ens själva hur beroende vi blir, men trötthet och koncentrationssvårigheter kan vittna om hur vi påverkas.

Risken för att splittras av alla möjliga yttre impulser utifrån är naturligtvis inte något nytt och okänt. I alla tider har människor flytt bort från en otillfredsställande verklighet både till sina egna fantasier och till sagornas fiktiva världar. För hundra år sedan – långt före internet – klagade författaren Erik Lindorm över en liknande stress. Uppenbarligen kände han en oro över att mängden av yttre impulser kunde få honom att missa det han menade var det allra viktigaste i livet. Han skrev:»Jag orkar ej frossa i vad som helst av färger, klanger och ljud. Jag vill bara veta hur man blir frälst, hur man brottas med Gud.«

Samma tema uppehåller sig Jesus vid i sin bergspredikan där han varnar människor för att göra sig bekymmer för så vardagliga saker som mat och kläder. Inte för att dessa sysslor skulle vara oviktiga, men för att de kan få oss att tappa fokus på sådant som är ännu viktigare – att lita på Guds omsorg och att »söka Guds rike och hans rättfärdighet« (Matt 6:33). Ett liknande budskap ger Jesus till sin vän Marta när hon riskerar att missa tillfället till gemenskap med honom på grund av sina bekymmer för det »mångahanda« i hushållet. De husliga bekymren var naturligtvis inte oviktiga men oron för dem kunde göra henne splittrad och leda till att hon missade något som just där och då var ännu viktigare – att vara närvarande tillsammans med Jesus – och hemma hos sig själv (Luk 10).

Egna ideal och andras kritik

Något som också kan hindra vår helhjärtade närvaro här och nu är tankar om allt som borde vara bättre än det är. Ideal och utopier kan få oss att tappa fotfästet i vårt »här« och få oss att lägga kraft på sådant som är där vi *inte* är och inte heller kan göra något åt. Störningen kan komma såväl utifrån som från vårt eget inre. Ofta är den resultat av ett växelspel där vi har integrerat andras kritiska åsikter och alltför höga ideal i vårt eget inre. Jämförelser med andra, liksom ideal och tankar om hur allt borde vara, kan få oss att försumma såväl möjligheter som plikter i vår faktiska situation.

För den som tidigt i livet fått höra att inget är så bra att det inte kan bli bättre kan det bli som att ha ett osynligt »chip« inopererat i sitt medvetande, en störsändare som blockerar glädjen över att det goda man har och uträttar är tillräckligt bra. Med en sådan inre programmering riskerar man att ständigt definiera sig negativt. I känslan av att inte ha »kommit längre« ursäktar man sig hela tiden för att man inte svarar upp mot vissa ideal och krav. Glaset beskrivs som halvtomt i stället för halvfullt, för att använda en vanlig bild. En person som övar för en konsert, tränar för en idrottstävling, målar en bild eller skriver en text kan förlamas av tanken på att resultatet ändå inte kommer att duga. Och hellre än att visa upp något »halvdant« lägger man ner sitt projekt. Det finns tyvärr många exempel på sådana oavslutade projekt. Den sorgliga slutsatsen är att man borde vara någon annan än den man är, och någon annanstans än där man är. Men då blir det svårt att frimodigt stå för var man faktiskt är.

»Här, där man är« – på gott och ont

Alla signaler som når oss – bakifrån, framifrån, utifrån och uppifrån – är naturligtvis inte onda eller störande. Många berikar oss med kunskap och glädje och ger livet innehåll och mening. Vad vore väl nuet om det inte också innehöll både minnen och förhoppningar, ideal och målbilder, drömmar och fantasier? Lycklig den, som kan vara här och nu, sova gott om natten, glädjas åt goda minnen och leva med glad förväntan inför framtiden! Den som dessutom är i den lyckliga belägenheten att inte behöva lägga energi på att dölja skamliga hemligheter kan verkligen glädjas åt sin livssituation.

Det viktigaste med att vara här där man är kanske är att det är »här« som vi har vår vardagliga kallelse. Kanske är det ibland lockande att vara någon annanstans där man tror att situationen skulle vara behagligare, men då riskerar man att försumma det mest närliggande, sådant vi kan både hinna och orka om vi bara är närvarande där vi är. För de flesta av oss finns ju platser och situationer där vi, och kanske bara just vi, kan göra skillnad, till exempel när det gäller omsorgen om nära anhöriga och vänner som är i nöd. Det verkar som om även aposteln Paulus var medveten om denna risk. Kanske tänkte han på sin tids kristna entusiaster som var beredda att fara till jordens yttersta gräns för att sprida evangelium, även till priset av omsorg om hem och familj. I ett brev till den unge Timotheos skriver han: »Om någon inte sörjer för sina anhöriga, i synnerhet den egna familjen, har han förnekat tron och är sämre än en som aldrig har trott« (1 Tim 5:8).

Tillämpat på en församling skulle detta stränga bibelord kunna vara en varning för att försumma omsorgen om »de anhöriga«, det vill säga de matrikelförda men »osynliga« medlemmarna, medan mycket energi läggs på verksamheter som riktar sig till människor utanför kyrkan. I många svenska frikyrkoförsamlingar kan det handla om en fjärdedel av församlingens medlemmar som inte synts eller hörts av på länge. Evangelisation och att nå ut till flera är naturligtvis en viktig uppgift för en församling, men ibland kan den bli ett tydligt exempel på att försöka vara där man inte är. Det är inget att förvånas över om församlingen för en del inte känns som en riktigt ärlig och hel gemenskap, om den inte sörjer för »den egna familjen«.

Ett – kanske lite trivialt – exempel på denna problematik är ett omdöme som en kvinna gav om sin man när hon beskrev honom som en person som »diskar hellre borta än hemma«. När de var bortbjudna var diskandet en överloppsgärning som mannen kunde få lite extra beundran för från värdfolket och andra gäster, medan han uppenbarligen därhemma kunde få befogad kritik för att han låg efter med sådant han hade lovat men inte hunnit med.

Allting har ett pris

Även om det är viktigt att vi själva är medvetna om var i tillvaron vi befinner oss och även kan kännas vid vår faktiska situation, så är det inte detsamma som att vi inför hela omvärlden ska visa upp vår belägenhet. Att släppa ut »den nakna sanningen« om allt i vår livssituation skulle kunna få oönskade konsekvenser både för oss själva och andra, alltifrån genans till olika praktiska svårigheter. Men både detta att bära på hemligheter och att leva i total öppenhet har ett pris. Den som inte visar sig som den hon eller han egentligen är kan inte förvänta sig att bli bemött »som den jag är«. Ibland är det kanske ett pris man måste betala – åtminstone under en begränsad tid. Då kan det vara särskilt viktigt att ha någon att tala med i förtroende. Författaren Marianne Fredriksson har nog rätt när hon i sin roman *Den som vandrar om natten* skriver: »Om man aldrig har mött någon som sett börjar man dölja saker och ting också för sig själv«.

Där är där man inte är

»Där är där man inte är« är ett annat faktiskt konstaterande, minst lika viktigt som positionsbestämningen »här är här där jag är«. Det är att erkänna *var* man *inte* är och *vad* man *inte* är. Erkännandet av dessa mänskliga begränsningar tror jag är en nödvändig del i den process som det innebär att »komma hem till sig själv«.

Tyvärr

Den faktiska positionsbestämningen »där är där man inte är« kan modifieras med några ord som säger något om i vilken situation vi befinner oss. Ett sådant ord är *tyvärr*, vilket kan vara uttryck för en längtan dit där vi inte är, men också för svartsjuka på människor som vi tycker har kommit längre i livet och lever i lyckligare förhållanden än vi själva. Tyvärr faller vi ju ibland för frestelsen att hellre jämföra oss med dem som vi tycker har det bättre, än med dem som har det sämre.

Ett annat *tyvärr* kan vara förknippat med sorg. Så kan det vara när vi *inte längre* är där vi en gång var. När vi till exempel som pensionärer har hamnat på livets åskådarplats efter att tidigare ha varit aktiva på livets olika arenor kan sorgen drabba oss över att vara en »föredetting«. Man kan sakna sitt forna jag och den man var i sin krafts dagar.

Inte än är ett par andra ord som kan komplettera vårt »där är där vi *inte är*«. Det kan handla om sådant som vi fortfarande skulle vilja uppleva men ännu inte kunnat förverkliga.

23

Kanske upprättar vi »bucketlistor« över projekt som vi vill genomföra och platser vi hoppas besöka innan jordelivet är över. Ingen hinner dock göra allt och vara överallt. Det är en självklarhet som vi kan behöva påminna oss själva om, kanske med hjälp av ordspråket att den som gapar över mycket mister ofta hela stycket.

Lyckligtvis

Ett ord med motsatt innebörd jämfört med *tyvärr* är ordet *lyckligtvis*. Det kan vara användbart för oss i den äldre generationen när vi tänker tillbaka på plikter och bekymmer i arbetslivet som vi inte längre behöver fundera på nu när yngre personer har övertagit våra uppgifter. Vi får i stället önska dem lycka till.

Men den främsta anledningen till ett *lyckligtvis* har vi nog när vi inte är där tragiska händelser inträffat och svåra förhållanden råder. Det kan naturligtvis ge oss anledning att fundera på om vi kanske *borde* ta oss dit och vara där för att hjälpa till på något sätt. Men ibland kan det vara lika viktigt att hålla sig borta så att vi inte hindrar dem som faktiskt är där och har möjlighet, kanske också som sin uppgift, att lindra nöd och rädda liv. Såvida vi inte blir direkt ombedda att hjälpa till, är det klokt att hålla sig borta om vi råkar hamna i närheten av olika »blåljus-situationer«. I varje fall ska man inte av nyfikenhet stanna eller söka sig dit för att titta på eller fotografera.

När olyckor och katastrofer inträffat någonstans där vi själva inte är, men som vi får höra talas om via media, kan det också vara klokt att *mentalt* hålla sig borta –i varje fall om vi inte är personligen berörda av det inträffade. Risken är annars att vi lägger så mycket tid och kraft på att följa nyhetssändningar och prat om sådant som vi ändå inte har att göra med, att vi försummar att leva här där vi är och vi faktiskt har möjlighet att göra något betydelsefullt.

Att vara närvarande där vi är och visa omsorg om våra nära och kära kan på sikt visa sig vara det bästa sättet att besegra det onda med det goda. En del av de tragedier som inträffar och pågår i vårt samhälle, särskilt där unga människor är inblandade, verkar kunna förklaras med att viktiga personer var frånvarande under deras uppväxt. Såvida det inte är vår särskilda kallelse och uppgift att handgripligen bekämpa det onda, kan därför omsorgen om våra barn, våra grannar, våra arbetskamrater – och en god och ärlig församlingsgemenskap – vara det bästa vi kan göra för att motverka det onda.

Att inte ge det onda mer utrymme än nödvändigt i våra samtal med varandra kan också vara ett sätt att begränsa det ondas inflytande – särskilt i samtal med barn och unga. Lyckligtvis finns det mycket i världen som är gott och fungerar bra, och så var det även på de första kristnas tid, även när de själva var utsatta för svårigheter och förföljelse. Aposteln Paulus uppmanar dem att mitt i detta onda ta fasta på »det som är sant, det som är upphöjt, rätt och rent, det som är värt att älska och akta, allt som kallas dygd och allt som förtjänar beröm« (Fil 4:8)

Lyckligtvis är ett relevant ord också när vi har *alibi* för vissa händelser. Det latinska ordet *alibi*, som bokstavligen betyder »på något annat ställe«, används i juridiken när en person bevisligen varit någon annanstans än på den plats där ett brott är begånget. Därmed kan personen frias från ansvar för det inträffade. De flesta av oss har faktiskt ett sådant alibi för många av de olyckor och tragedier som inträffar i världen. Med lättnad och tacksamhet kan vi konstatera att »där är där vi inte är«.

Men för *allt* ont i världen har vi inte alibi. En del *är* vi berörda av, kanske också skyldiga till, och för sådant måste vi naturligtvis ta ansvar och be om mod och kraft att förändra till det bättre – så långt det är oss möjligt och inte sker på bekostnad av omsorgen om våra närmast anhöriga.

Ett drastiskt uttryck för insikten om skillnaden mellan »här« och »där« är ett talesätt som förekommer i tolvstegskretsar: »Det finns bara *en* Gud – och *inte* är det jag!« Nej, »där« är vi inte. Guds perspektiv är inte vårt. Den insikten kan ha konkreta konsekvenser, till exempel att vi inte bör lägga kraft på ett försöka »leka Gud«. Att i stället hålla oss där vi är kan till exempel innebära att sopa rent framför egen dörr innan vi kritiserar andra, således en sentida variant av Jesusorden om att ta bort bjälken ur sitt eget öga, innan man kan se klart och kan ta bort flisan i sin broders öga (Matt 7:3-6).

»Här« och »där« i mitt eget liv

För egen del kan jag känna igen mig både i *tyvärr* och *lyckligtvis* när jag tänker på var jag *inte* är. Jag försöker att utan skuldkänslor glädja mig över de *många lyckligtvis* jag lever med och allt ont jag slipper genom att inte vara »där«. Ja, kanske är det rent av en mänsklig plikt att fortsätta att leva så bra som möjligt och njuta av livets goda där man är, även när man är medveten om tragiska och svåra omständigheter på annat håll. Att livet för alla andra fortsätter som om inget har hänt kan visserligen upplevas hänsynslöst och kränkande av dem som är drabbade av sorg och lidande, men det rymmer också ett hopp – att det finns att liv att återvända till när krisen är över.

Mina egna *tyvärr* försöker jag acceptera att jag inte kan förändra. Jag märker till exempel att jag ibland – för att skydda mig mot sorgen över att vara en föredetting – visar ett medvetet ointresse för vad som nu händer på mina gamla arbetsplatser, där de flesta inte längre vet vem jag är. På liknande sätt är det med vissa fritidssysslor som jag varit tvungen att sluta med. När jag till exempel tog av mig slalompjäxorna, och insåg att det var för sista gången, »tappade« jag intresset för fjällresor. Ett annat *tyvärr* är att även golfspelet hör till det förflutna. När jag nu passerar golfbanor längs vägen försöker jag göra det så likgiltigt som möjligt för att dämpa saknaden. Ett visst *lyckligtvis* finns ändå i att jag kunnat överlåta klubbor och golfbag till en god vän som just börjat spela. Några bucketlistor har jag faktiskt inte upprättat, men konstaterar att de skulle kunna bli långa. De flesta länder på jorden har jag ju inte besökt. Inte heller har jag läst de flesta böcker som man borde ha läst, eller sett de flesta filmer som man borde ha sett, etc. Nej, en tänkt bucketlista skulle aldrig bli ifylld och avprickad. Inför detta faktum känner jag både sorg och lättnad. Och nu är jag här där jag är.

All förändring börjar där man är

En grundregel som jag lärde mig under mina år på golfbanan var att bollen ska spelas där den ligger. Det gäller inte minst när den hamnat i ett besvärligt läge. Man kan frestas att flytta den ett stycke till en plats där det är lättare att slå nästa slag, men sådan lägesförbättring är ett regelbrott som medför »plikt«, vilket i sin tur försämrar golfrundans slutresultat. På liknande sätt tror jag det kan vara i livet. Genvägar kan bli senvägar.

All förändring börjar där man är. Den regeln är viktig att komma ihåg och följa. Inte sällan försöker både individer och organisationer att åstadkomma förändringar genom att fokusera på framtidsvisioner och målbilder utan att ha någon riktig lägesbeskrivning av nuet. I sådana situationer är en gammal pedagogisk princip värd att uppmärksammas, formulerad i slutet av 1800-talet av den danske filosofen Sören Kierkegaard:

> Om jag vill lyckas med att föra en människa mot ett bestämt mål måste jag först finna henne där hon är och börja just där. Den som inte kan det lurar sig själv när hon tror att hon kan hjälpa andra. För att hjälpa någon måste jag visserligen förstå mer än hon gör, men först och främst förstå det hon förstår. Om jag inte kan det, hjälper det inte om jag kan och vet mer.
> (Ur *Stadier på livets väg*,1846).

Kierkegaards ord stämmer väl överens med de tre korta texter, som jag citerat i bokens förord och upprepar på olika sätt genom hela den här boken. Många gånger har jag påmints om den viktiga principen när jag försökt vara andra till hjälp, men också för egen del. Påminnelsen att börja där man är behövs också i våra medmänskliga relationer, till exempel när vi försöker ändra på varandra. Den kan medverka till att vi inte alltför snabbt avgör vad som är bäst för en annan människa. En erfarenhet från samtalsrummet är dock, att det ibland inte är helt lätt att finna en annan människa där hon är. Många är helt enkelt inte »hemma hos sig själv« utan någonstans där de inte är – upptagna av tankar om hur allt *borde vara*, hur allt *borde ha varit* eller hur allt *måste bli*, kanske också med att försöka ändra på *andra* människor. Och eftersom de inte själv är vid sin verkliga utgångspunkt är det svårt att börja där. I samtalet har det alltså gällt att finna en ny gemensam utgångspunkt. Då behöver man först sitta ner, ta några djupa andetag, känna att det inte är bråttom. Om sedan berättelsen blir för »spretig« får man som själavårdare varsamt försöka kalla tillbaka konfidenten till här och nu, med repliker som »när det nu är som det är ...«, »vilka alternativ ser du *just nu?*« eller »vad tänker du att jag – eller någon annan – ska kunna hjälpa dig med *just nu?*« Med hjälp av sådana frågor, som vi faktiskt också kan ställa till oss själva, tror jag det är möjligt att hitta tillbaka till sig själv och sitt eget »här« – och till en möjlig utgångspunkt för de förändringar vi hoppas på.[4]

På era platser

Situationen i samtalsrummet har vissa likheter med vad som händer på idrottsplatsen där löparna måste vara helt stilla

---

4 Ordet »konfident« betyder »den som anförtror sig«, och det används ofta som som beteckning på en person som söker sig till enskilda samtal för råd och hjälp. Ordet »klient« är ett annat vanligt ord för en hjälpsökande person.

i startblocken innan startern ger signalen som skickar i väg dem ut i loppet. »På era platser, klara, färdiga, gå!« beskriver en ordning som gäller också i livet. Vi måste bli stilla där vi är innan vi ger oss i väg mot våra mål.

Att vi ibland grubblar över hur vi har hamnat där vi är, är helt naturligt, särskilt om läget är besvärligt. Visst hände det många gånger på golfbanan att jag förebrådde mig för ett slarvigt utslag som tvingade mig att leta efter bollen ute i skogen eller djupt gräs. Och visst kan det finnas anledning att ångra livsval vi gjort och hur vi hanterade en viss livssituation. Men självförebråelser är sällan till någon större hjälp när det gäller att komma vidare. Fokus bör i stället vara på det uppkomna läget –och på det mål man vill nå fram till. Turordningen är viktig. För att använda en medicinsk terminologi måste processen börja med en diagnos innan en behandlingsplan kan planeras och en prognos ställas för den fortsatta processen.

En illustration från ett helt annat sammanhang: Om man ska skaffa nya kläder är det inte särskilt klokt att köpa plagg i en storlek som man *hoppas* skulle kunna passa när man förhoppningsvis gått ner – eller upp – några kilo till sin önskevikt. Om vi väljer kläder till vår önskefigur i stället för den faktiska kroppsformen, kan en expedit få anledning att ställa frågan om det inte är bortkastade pengar att köpa kläder som vi ändå inte kan ha. För att inte behöva hamna i denna pinsamma situation kanske vi helt avstår från klädköp just för att slippa påminnas om hur vi faktiskt ser ut.

En biblisk berättelse som visar på betydelsen av att ha fokus på nuet och framtiden snarare än på förklaringar om det förflutna finns i Johannes evangelium där lärjungarna frågar Jesus vem som är skyldig till att en man föddes blind. Är det han själv eller hans föräldrar som har syndat? Jesus visar sig inte alls intresserad av att diskutera skuldfrågan. Han svarar i stället: »Varken han eller hans föräldrar har syndat, men

31

Guds gärningar skulle uppenbaras på honom« (Joh 9:3). I den blinde mannens livssituation ser Jesus en möjlighet, en utgångspunkt för vad Gud kan göra i hans liv, inte ett straff eller en konsekvens av någons synd.

Bönen »Möt mig nu som den jag är« kan hjälpa oss att hitta en bra utgångspunkt. Den utgår från den faktiska situationen – den jag är – och slutar med en bön om förändring och utveckling »till den jag ska bli.« Bönen uttrycker förhoppningen att här-och-nu-situationen ska duga som utgångspunkt för vad Gud kan göra i våra liv. Detta är inte bara god pedagogik utan också sund teologi. Det är också ett tungt argument mot sådana påståenden som man kan höra, när människor försöker försvara att »de är som de är« med påståendet att Gud har skapat dem precis sådana de är. Och nog är det sant att livet är en Guds gåva, men att hävda att Gud skulle ha ansvar för att vi är precis som vi är kan i varje fall inte sägas vara en biblisk tanke. Många olika faktorer påverkar en människas utveckling, såväl ärftliga som miljöbestämda – inte minst våra egna vägval och handlingar.

Vad är det som bör förändras?

Alla våra val och förändringar behöver inte vara kloka. Den insikten är tydligt uttalad i Sinnesrobönens engelska originalversion där det står »courage to change *what should be changed*« (förändra det som bör förändras) medan den svenska översättningen lyder »förändra det jag kan«. Skillnaden är viktig, för naturligtvis finns det många sätt varigenom vi människor kan *förvärra* en situation för oss själva och andra. Så vissa ingrepp *bör* helt enkelt inte göras. Det klokaste är ibland att förbli där man är, att sitta stilla i båten och be om sinnesro att acceptera det man inte *bör* förändra. Men när det är läge att kämpa, och när det är läge att resignera, är ingen enkel fråga. Därav slutraden i Sinnesrobönen: Gud, ge mig förstånd (eng. original:»wisdom«) att inse skillnaden. Att många människor i världen brottas med mycket svåra situationer är vi väl medvetna om. Vilket dilemma måste det inte vara att leva i ett krigshärjat land och stå i valet mellan att å ena sidan stanna och försöka uthärda och förändra den svåra situationen, och å andra sidan att fly till en okänd och osäker verklighet någon annanstans? Men liknande dilemman av olika grad och art finns naturligtvis även på närmre håll: Att säga upp sig från en besvärlig arbetsplats och söka nytt jobb, eller stanna och hoppas på en förändring till det bättre! Att bryta upp från ett svårt äktenskap, eller kämpa på i tanken att det kan bli bra. Att trots sin könsdysfori uthärda i sitt biologiska kön, eller våga satsningen på en komplicerad och osäker förändringsprocess! I sådana frågor står den enskilde ofta ensam, dessutom utan att säkert veta om en förändring kommer att göra situationen bättre eller ännu svårare. Bönen från Iona kan vara en hjälp att uttrycka just vad man behöver. Att för snabbt gå direkt till bönen »gör mig till den jag ska bli« är kanske inte det klokaste. Det är ju medan vi är kvar i våra dilemman som vi särskilt behöver be och invänta Guds svar. Det är här där vi är som all förändring börjar, inte i önskesituationer där vi *inte* är.

Att komma hem till sig själv.

En idrottsman som skaffar sig en coach eller en PT – en personligt tränare – gör det antagligen med ett tydligt mål i sikte, till exempel att ta medalj i ett mästerskap. Målmedvetenhet är en drivkraft som kan ge en person uthållighet och tålamod att ta sig över det motstånd man kan känna inför den hårda träningen. Målbilden påverkar identiteten så att man lättare kan lägga tillfälliga svackor och nederlag bakom sig.

Men människors behov ser olika ut. En del problem – till exempel att bli kvitt en fobi, att orka tillbaka till jobbet eller att komma ur en sorg eller ett trauma – kan åtminstone delvis åtgärdas med övningar som kan likna en idrottares träning för att nå en medalj. Annorlunda är det för den som är deprimerad och varken vet ut eller in i en förvirrande livssituation och kanske inte ens har ord att beskriva den. Målet är naturligtvis att uppleva befrielse, klarhet och trygghet i livet, men ett sådant mål är inte lika konkret som en mästerskapsmedalj. Det handlar snarare om att upptäcka vem man egentligen är och att hitta hem till sig själv.

En geografisk positionsbestämning kan säga något om var vi befinner oss på kartan, men inte så mycket om var vi har vårt hjärta och vilka vi innerst inne är. Inte alltid är det heller sant att »Vad hjärtat är fullt av talar munnen« som det heter i ett talesätt. Kanske är det tvärtom så att munnen tiger om det som vi har i vårt hjärta och om vad hjärtat längtar efter.

Till våra hjärtan är det som Margareta Melin vänder sig med följande inbjudan i sin bok *Kärleken en bro:*

Kom till din ro, min själ
kom hem till dig själv
till ditt innersta rum
din heliga mitt.

Mitt i ditt kaos finns ro
en källa av ljus
en förblivande frid.

Orden om att komma hem till sig själv är en både hoppfull och utmanande hälsning, och vem längtar inte efter att få uppleva ro och förblivande frid? Vägen dit är dock inte alltid så enkel, och frågan är om någon klarar att gå den ensam. Oftast behöver nog den processen äga rum i ett samspel med omgivningen. Vår egen självbild stämmer ju ibland dåligt överens med vad andra ser och den kan behöva korrigeras. En person vars självbild färgats av jantelagens »Du ska inte tro att du är något« kan behöva få höra »Du vet väl om att du är värdefull«, och den som har alltför höga tankar om sig själv kan behöva tas ner på jorden. Att med jämna mellanrum få en »second opinion« från en annan människa är nog nödvändigt för att vi ska få en så realistisk och trygg självbild att vi frimodigt kan veta och säga:»Här är här, där jag är«.

Men varken vår egen ärlighet eller omgivningens bekräftelser kan ge vårt hjärta »en källa av ljus och en förblivande frid«. Det är Guds gåvor som vi får av nåd, inte resultatet av egna ansträngningar eller uppriktiga samtal med vänner eller i en själavårdares samtalsrum. Men sådana samtal kan vara steg på vägen till »en källa av ljus«.

Bibliska och skönlitterära exempel

I Bibeln och skönlitteraturen finns många berättelser om hur människor både kommit vilse i livet och kommit hem till sig själv igen. Möten med Gud och vägledning av människor har varit början på hoppfulla förändringsprocesser. Men i alla tider har den regeln gällt att förändring börjar där man är.

Konung David

Ibland får vi i vår vilsenhet hjälp som vi kanske inte ens har bett om och som vi kanske helst hade varit utan, men som faktiskt visar sig vara livsavgörande. Ett bibliskt exempel på detta är berättelsen om kung David (ca 1000 år f Kr) som verkar ha haft en självbild av att vara en både mäktig och gudfruktig furste. Profeten Natan fick honom emellertid att omvärdera sin situation, och han tvingades inse att han tvärtom var en usel mördare och äktenskapsbrytare. Den upplevelsen ledde till både ödmjukhet, syndabekännelse, förlåtelse och fortsatt förtroende som kung (2 Sam 12 och Ps 51). Liknande omvälvande omvändelser kan fortfarande inträffa som resultat av att viktiga sanningar förmedlas i en själavård och förkunnelse, som både »tröstar, lär, förmanar och varnar« – för att citera en gammal »predikstolsbön«.

Den förlorade sonen

Ett annat bibliskt exempel på en människas förändring är berättelsen om »den förlorade sonen«. När han, misslyckad

37

och hungrig, fått jobb som grisvaktare i ett främmande land kom han till besinning och insåg sin eländiga situation, eller som det står i grundtexten:»han kom till sig själv«(Luk 15:17). Det blev startpunkten för hans återvändande hem till fadershuset och sitt verkliga hem, en färd som han begav sig i väg på utan att veta hur han skulle bli mottagen. Men det var genom att han insåg och erkände sanningen om sin situation som förändringen började. Välkomstfesten hemma hos fadern blev en bekräftelse på att uppbrottet hade varit värt priset.

Kejsaren av Portugallien

Lika lyckligt slutar det tyvärr inte för alla, särskilt inte för dem som avvisar andras försök att hjälpa dem. Ett sådant livsöde skildrar Selma Lagerlöf i sin roman *Kejsaren av Portugallien*. Huvudpersonen är torparen Jan i Skrolycka. Mot alla odds får han en dotter, och henne älskar och skyddar han över allt annat. Men att dottern hamnat i prostitution sedan hon flyttat till Stockholm för att söka arbete är en sanning som hennes far vägrar att ta in. I stället går han in i en drömvärld där dottern är en förnäm kejsarinna av fantasilandet Portugallien, medan Jan lever sig in i rollen som kejsare. Till allas hån och smälek stoltserar han dessutom omkring i hembygden i en kejserlig uniform. Ingen lyckas ta ur honom dessa vanföreställningar och hans liv får ett tragiskt slut.

»Dårarna«

Några liknande livsöden skildrar författaren Bertil Malmberg i sin dikt »Dårarna«. Den handlar om några personer som vägrat att acceptera sin faktiska verklighet och förlorat sig i önsketänkande som utvecklats till vanföreställningar och psykisk sjukdom. De lever nu som patienter på ett psykiatriskt sjukhus – en som »en maharadjas son av Ingenstädes och av Långtifrån«, en annan som »Greven av Chambord« och en tredje som en »en kostbar vas av idel genomskinligt glas«. De lever var och en i sin ensamhet, utom räckhåll för varandra och för människorna omkring dem, i ett kroniskt utanförskap där var och en »har sin värld och rymd, för alla andra ögon skymd«. Så hade det emellertid inte alltid varit. En gång levde de under samma villkor som alla andra:

De hade samma plåga, samma skri
och samma styckeverk av lust som vi.

Ja, deras liv vår både ljuvt och svårt
med mycken ofullkomlighet som vårt.

Med dessa livets villkor var de dock inte nöjda. Inom sig bar de en hemlig dröm att skapa sig ett »ett eget rike av fullkomlig form«. Den drömmen fick tragiska följder. Malmberg skriver att de »gled allt längre bort« och försvann bort från vanlig mänsklig gemenskap.

De stodo bundna av en magisk ring,
och allt föll sönder runt omkring,

Och tingen voro liksom utan klang
och utan syskonskap och sammanhang.

Malmbergs dikt väcker frågan om människors sökande efter fullkomlig lycka måste leda till att allt faller sönder runt omkring. Eller om det tvärtom är så att »syskonskap och sammanhang« är nödvändiga förutsättningar för att vi ska kunna hitta oss själva som individer. Ja, frågan är hur den lyckliga kombinationen av sanning, ärlighet och gemenskap ska kunna förverkligas. Kan en kristen gemenskap vara svaret på en sådan längtan? Den frågan stöter och blöter jag ofta i mina tankar, och nu även i den här boken.

På väg – eller »fake it ´til you make it«

En position mellan »här där man är« och »där, där man inte är« är att vara »på väg«. Det är en lägesbeskrivning av vår situation som ofta överensstämmer med sanningen. Uttrycket »på väg« antyder både position, rörelse och riktning. Inför denna belägenhet kan vi ha olika känslor. Ibland kan vi frimodigt meddela att vi är på väg, till exempel när vi närmar oss ett överenskommet möte dit vi räknar med att hinna i tid. Andra gånger kan det kännas skamfullt att ge samma besked, till exempel när vi borde ha kommit längre och redan borde ha varit framme. Ena gången är lägesbeskrivningen »på väg« ett positivt lugnande besked till någon som väntar, en annan gång en skamsen ursäkt för att vi inte lyckats hålla vad vi lovat. I båda fallen är dock positionsbestämningen »på väg« ett faktum.

De båda bönerna »möt mig nu som den jag är« och »gör mig till den ska bli« är tillsammans ett erkännande av att vi är på väg och behöver hjälp att komma vidare. Det är ingen ursäkt, än mindre en syndabekännelse, bara ett ödmjukt konstaterande och en bön om Guds fortsatta stöd och ledning. Aposteln Paulus formulerar sin kristna grundhållning med orden

> Tro inte att jag redan har nått detta eller redan har blivit fullkomlig. ... jag menar inte att jag har det i min hand, men ett är säkert: jag glömmer det som ligger bakom mig och sträcker mig mot det som ligger framför mig och löper mot målet ... Ja, låt oss fortsätta på den väg som fört oss hit. (Fil 3:12-16)

Att aposteln skulle ha »glömt det som ligger bakom« är förstås inte helt sant. Nog minns han sitt förflutna, både hur vilse han var på den tiden när han brutalt förföljde de kristna, sin omvändelse och livet därefter. Och nog håller han reda på sin imponerande meritförteckning som apostel. Men det han vill markera är att han inte ägnar sig åt att analysera sitt förflutna och söka förklaringar till att han (bara) kommit dit, där han nu är. Hans fokus är i stället framtiden och dess början här och nu. »På väg« är för honom en ärlig och hoppfull position.

Att låtsas vara framme

Ett alternativt förhållningssätt till att erkänna att »där, är där man inte är« benämns ibland med orden »fake it ´til you make it« (ungefär = låtsas tills det blir sant). Det är en pedagogisk metod, eller snarare ett »knep«, att ta sig till ett önskat mål. Man låtsas helt enkelt redan vara framme, och agerar som om man vore där, där man inte är. Det är med andra ord att ta ut ett mål i förskott, vilket naturligtvis är något helt annat än att säga sig vara på väg. Raka motsatsen till Kierkegaards pedagogiska metod att man ska börja där man är. Är det då möjligt att med önsketänkande åstadkomma verklig och varaktig förändring? Ja, att viss självsuggestion ibland kan fungera torde många ha upplevt. Att till exempel inom sig upprepa orden »jag är varm« kan hålla känslan av kyla borta när man en kall vinterdag står vid en busshållplats och fryser. Och orden »du klarar det!« från sig själv eller någon annan kan ge kraft inför en svår utmaning eller påfrestning. Så visst kan »pep-talk« ha gynnsamma effekter.

Men i vilka situationer är det en klok strategi att låtsas vara där man ännu inte är? Och hur hållbar är den? Att till exempel visualisera sig flyga över höjdhoppsribban på två meters höjd, eller att se sig spela på stor flygel framför en entusiastisk konsertpublik, kan säkert ge motivation till uthållig träning och övning som i bästa fall kan ge ett önskat resultat. Men en förutsättning torde vara att det finns åtminstone en gnutta realism i önsketänkandet. För den som inte tidigare har tagit sig över en meter i höjdhopp eller kommit längre än till »Blinka lilla stjärna« på pianot handlar det nog snarare om barnslig fantasi, i värsta fall – om man är vuxen – om livslögn och ett förnekande av den verklighet där man faktiskt är. Resultatet skulle kunna bli som titeln på den uppmärksammade boken av den amerikanska journalisten Barbara Ehrenreich: *Hur allt gick åt helvete med positivt tänkande.*

Men vem skulle inte vilja få hopp och livslust att födas i ett sorgset sinne genom att instämma i ett glatt »bättre och bättre dag för dag«? Eller att få kärlekens källsprång att rinna upp i ett känslomässigt dött inre genom att uttala orden »Jag älskar dig«? Och kan verklig försoning åstadkommas genom att vi uttalar ett »förlåt« utan att känna minsta sorg eller ånger? Är inte risken att vi snarare känner oss falska när vi inte menar vad vi säger? Om vi försöker ändra på en faktisk verklighet med hjälp av önsketänkande kan nog metoden *fake it ´til you make it* få oss att framstå som oansvariga och opålitliga skojare.

Lek och allvar, lögn och artighet

Att barn leker och fantiserar är *en* sak. Låtsaslekar tillhör barndomstiden, och det är oförargligt om små pojkar och flickor klär ut sig i polisuniform eller går med ett låtsas-stetoskop runt halsen och leker doktor. Om däremot en vuxen person uppträder i falsk förklädnad är det bedrägligt, ibland till och med straffbart. Och aldrig är Jesus så skarp i sin kritik av fariséerna som när han talar om falska profeter som »kommer förklädda till får, men i sitt inre är rovlystna vargar« (Matt 7:15). En viktig fråga är dock var gränsen går mellan lögn och artighet. Till social kompetens hör ju att inte i alla lägen säga allt vad man innerst tycker. Att efter en middag tacka för maten, även om man inte gillade den, eller tacka för sällskapet, som man egentligen tyckte var tråkigt, kan möjligen handla om etikett och gott uppförande, inte om falskhet. I varje fall så länge man inte också bedyrar hur gott och trevligt man tyckte att det var. Men någonstans går gränsen där det blir ett svek att för husfridens skull tiga och samtycka till sådant man innerst inne vill protestera emot. På kort sikt kan säkert artiga halvsanningar vara ett socialt smörjmedel, men på längre sikt är risken stor att de i stället blir till grus i maskineriet som orsakar att en gemenskap upphör och relationer rinner ut i sanden.

Att deklarera: »här är här, där jag är« är alltså en allvarlig sak – särskilt om det vi säger inte är sant. I en rättegång går sådana lögner under beteckningen *mened* och kan resultera i stränga straff. Men också i det vanliga sociala livet kan lögner och halvsanningar få allvarliga konsekvenser och skada ömsesidig tillit. Såväl i våra privata liv som i samhället i stort finns det all anledning att ifrågasätta *fake it 'till you make it* som en god strategi. I stället behöver vi alla med jämna mellanrum rannsaka oss själva inför barnvisans utmanande sanningar om skillnaden mellan »här« och »där«.

Människan är en berättelse

Att »vara sig själv« eller »vara där man är« kan låta enkelt, men är det knappast. Och lika svårt är det att fånga ett männ-iskoliv i en stillbild, ett »här och nu«. För att göra rättvisa åt en människas livsberättelse krävs snarare en långfilm, och inte ens en sådan kan väl fånga hela sanningen. I dikten »Minnena ser mig« skriver Tomas Tranströmer:

> Inom mig bär jag mina tidigare ansikten,
> som ett träd har sina årsringar.
> Det är summan av dem som är »jag«.
> Spegeln ser bara mitt senaste ansikte,
> jag känner av mina tidigare.

Korta möten kan bara fånga flyende ögonblick, jämfört med långa relationer mellan gamla vänner som följt varandra i många år och sett de olika »jag« som växlat från tid till tid, i med och motgång. Ibland önskar vi kanske att de som varit med länge inte skulle minnas oss som vi en gång var – eller att människor vi möter nu skulle ha kunnat se oss i vår krafts dagar, »vårt forna jag«. Bara vi själva har möjlighet att minnas alla våra ansikten.

När psykiatern Clarence Crafoord gav ut boken *Männ-iskan är en berättelse* betonade han att vi alla har vår unika identitet. Den har inte bara att göra med ålder, personlig-hetstyp, kultur och andra yttre omständigheter utan minst lika mycket med den unika livsberättelse som varje männ-iska bär inom sig – ungefär som träden har sina årsringar.

Ingens livsberättelse är identisk med någon annans, och en enskild människas liv kan se helt olika ut i olika tidsepoker.

Livet – lineärt eller cykliskt?

Samtidigt som vi alla som individer är olika och unika, ingår vi i ett större, kollektivt mönster för vad det är att vara människa. Det upprepas i generation efter generation, och för oss som enskilda individer beskriver det en lineär rörelse från födelse till död. För människan som art kan det i stället verka vara en cyklisk rörelse. För tre tusen år sedan formulerades denna verklighet av den gammaltestamentlige *Predikaren* med följande ord:

> Släkte går och släkte kommer,
> jorden är evigt densamma.
> Solen går upp och solen går ner,
> så skyndar den tillbaka
> till platsen för sin uppgång.
> ...
> Vad som har varit kommer att vara,
> vad som har skett ska ske igen.
> Det finns ingenting nytt under solen.
> Säger man om något:»Det här är nytt!«
> så har det ändå funnits före oss,
> alltsedan urminnes tid. (Pred 1:4–11)

I en lång lista med den sammanfattande titeln »allt har sin tid« räknar *Predikaren* upp de existentiella livserfarenheter som varje generation och individ får uppleva: att födas och dö, att gråta och le, att skaffa och mista, att älska och hata, etc. (Pred 3:1–8).

Även om vi i princip vet hur människolivet kan vara, är

det mycket vi inte vet om varandra. En del vet vi inte ens om oss själva, och från tid till tid kanske vi inte ens känner igen oss i spegelbilden. Vi är inte längre de vi en gång var – och fortfarande är vi under förändring. En människa är ju och förblir en halvöppen varelse. För var och en av oss finns hemligheter att upptäcka, och utan dessa hemligheter skulle tillvaron vara torftig och endimensionell. För att vår medkänsla med varandra ska kunna fördjupas behöver vi därför få del av varandras berättelser, varandras verkliga historia och inte bara hur vi tycker att livet *borde* vara – eller *borde* ha varit. När vi vänder oss till varandra med orden »möt mig nu som den jag är« är det alltså inte någon alldeles enkel önskan vi ger uttryck för.

I en aforism i den lilla boken *Meteorer* skriver Horace Engdahl: »Har ditt liv ingen historia tjänar det ingenting till att be. Jesus har inget att säga till de anständiga.« Den reflektionen kan vara en nyttig påminnelse till oss, vare sig det är till Gud eller till varandra som vi riktar vår bön om att bli bemötta just som vi är.

Att finna en egen plats

»Den som hittar sin plats tar ingen annans.« Det är titeln på en bok av författaren och pastorn Tomas Sjödin, ett påstående som utgår från att det finns en plats för oss alla, en plats där vi kan känna oss hemma, där vi kommer till vår rätt som människor och blir bemötta just som vi är med våra unika egenskaper. Vem önskar inte att hitta en sådan plats, där man dessutom slipper konflikter med andra som gör anspråk på samma utrymme, eller har avvikande synpunkter på hur livet ska levas på den plats där vi har att leva tillsammans?

»När var och en sin syssla sköter så går det väl vad än som möter.« Så lyder ett ordspråk med ungefär samma innebörd som den citerade boktiteln. I den bästa av världar kan kanske det påståendet vara sant, men så ser världen sällan ut. Talspråket borde ändras till »*om* var och en sin syssla sköter...«. Alltför många finns faktiskt som inte sköter sina sysslor på ett sådant sätt att det går alla väl. Det kan räcka med att en enda person missköter sig för att hela sammanhang ska drabbas. Eller att två personer gör anspråk på samma plats för att det ska bli både konflikt och krig.

Talesättet »finns det hjärterum så finns det stjärterum« är ännu en önsketanke, inte heller den en sanning. Även om vi *vill,* kan vi inte alltid bereda rum för alla. För de flesta av oss finns påtagliga begränsningar för hur många vi kan ge plats i vårt liv. Inte ens i lyckliga omständigheter, som bröllop och andra familjehögtider, har man plats och råd att bjuda hur många som helst. För att inte nämna katastrofer och nödsituationer där människor flyr för livet och platserna i räddningsbåtar, bussar eller flyg inte räcker till alla – lika lite som tillgången på sjuksängar, mediciner och mat till dem som blir kvar.

Den svåra prioriteringen

I många mänskliga situationer är det nödvändigt med prioritering och kösystem, och per definition kan inte alla stå först i en kö. Några prioriteras, andra inte. För att undvika omänsklig, urskillningslös och mekanisk diskriminering av vissa människor och grupper krävs både ödmjukhet och förmåga att fatta nödvändiga beslut. Faktiskt också – paradoxalt nog – en förmåga att göra skillnad mellan människor, trots att alla har samma människovärde.»Kvinnor och barn först!« är en sådan prioriteringsprincip. Det möjligas konst består i att förena ideal och verklighet, och sällan är väl Sinnesrobönen så aktuell som i situationer där det faktiskt inte finns plats för alla.

Mellanöstern är ett av områdena i världen där denna problematik är smärtsamt akut. Israeliska bosättare menar sig ha gudomlig rätt till områden där palestinier bott i generationer. Två familjer från respektive folkgrupp kan nu göra anspråk på samma gamla hus och olivodling. För massor med människor på båda sidor får konflikten mellan Israel och Hamas katastrofala följder när parterna försöker utrota varandra. Hos många av oss som följer dramatiken på avstånd finns säkert »hjärterum« för nödlidande, men tillräckligt »stjärterum« kan vi knappast erbjuda. »Smärterum« skulle kanske vara ett mer passande ord för vad vi känner och för de outhärdliga förhållanden som så många människor lever under.

På den svenska arbetsmarknaden verkar det inte heller finnas plats för alla, i varje fall inte i sådana jobb som alla vill ha. I konkurrensen om attraktiva tjänster gäller ofta principen »the winner takes it all«. Ett annat exempel i vårt eget land där det råder akut utrymmesbrist är landets fängelser. Trängsel och dubbelbeläggning på många anstalter liknas vid tickande bomber som utgör en fara för både internerna, personalen och den allmänna rättssäkerheten i samhället. Och många fler exempel finns på områden där människor har svårt att finna sin plats.

»Inre« rum

Och ändå, trots vissa tvekan inför Tomas Sjödins löftesrika påstående, ligger det något viktigt i vad han säger – ur ett mer existentiellt perspektiv. För det finns andra dimensioner i tillvaron än de fysiska rummen, inre områden eller tillstånd där förutsättningarna är annorlunda, och där det faktiskt är möjligt för alla att finna en plats utan att ta någon annans. Många människor har till exempel berättat att de som barn – trångbodda eller ej – tog sin tillflykt till »inre« rum, fantasier och drömmar när livet var trångt och svårt.

Troende människor har också vittnat om erfarenheter av att ha en plats i ett rike »som inte är av denna världen«, det som Jesus talade om inför den politiske makthavaren Pilatus (Joh. 18). Även aposteln Paulus bekräftar sin tro på att det finns fler dimensioner i tillvaron än dem man kan se med sina fysiska ögon.

Därför ger jag inte upp. Även om min yttre människa bryts ner förnyas min inre människa dag för dag. Mina kortvariga lidanden väger ju oändligt lätt mot den överväldigande, eviga härlighet de bereder åt mig, som inte riktar blicken mot det synliga utan mot det osynliga. Det synliga är förgängligt, men det osynliga är evigt. (2 Kor 4)

En liknande verklighetsuppfattning utgör utgångspunkten för många psalmer och sånger, till exempel Göte Strandsjös »Som när ett barn kommer hem om kvällen« där han skriver:

Det fanns en plats i Guds stora rum,
en plats som väntade på mig.
Och jag kände: Här är jag hemma.
Jag vill vara ett barn i Guds hem. (PoS 596; Sv ps 774)

Både före och efter Paulus´ tid har människor upptäckt att det i kärleken och tron finns andra dimensioner än den fysiska världens tid och rum: inre verkligheter där man hela tiden kan känna sig hemma, ett »här« som man alltid har med sig, för att citera Magnus och Brasses visa. En sådan erfarenhet ger sångförfattaren Lina Sandell uttryck för i sin visa »Om dagen vid mitt arbete jag tänka vill på dig...«, en bearbetning av en gammal profan kärlekssång med texten

Om dagen vid mitt arbete är du uti mitt sinn.
Om natten när jag sover är du i drömmen min.
Om morgonen när jag vaknar, vem saknar jag väl då?
Jag saknar lilla vännen som är långt härifrå´.

I Lina Sandells version fick sången en förändrad lydelse med en direkt koppling till hennes kristna tro:

Och blir det tomt och ödsligt på denna jordens ring
med Jesus i mitt hjärta jag saknar ingenting.

Jag har en säker viloplats uti hans dyra sår,
Där har jag jul i fastan och mitt i vintern vår.

När världen kring mig larmar jag löper till mitt slott
och sjunger om min Jesus och har det där så gott.

En del människor verkar ha upptäckt sådana inre rum vilket fått praktiska konsekvenser även i en vardaglig tillvaron som är svår att uthärda. De har också gjort det utan att hamna i sådana vanföreställningar som »dårarna« i Bertil Malmbergs dikt, de som så tragiskt försvann bort från all mänsklig gemenskap. Om sådana människor berättar till exempel psykoterapeuten Viktor Frankl i sin bok *Livet måste ha mening*: personer som, trots koncentrationslägrens förfärliga yttre omständigheter, bevarade sin värdighet och mänsklighet genom att fokusera på en inre värld. Där fann de en tillflykt i kärleken till älskade anhöriga som de hoppades att få möta igen, och där bad de till sin Gud. Från denna inre källa fick de till och med kraft att visa omsorg om sina medfångar.

Vi människor har uppenbarligen tillgång till en sorts mental syrgasutrustning som gör att vi kan andas även i syrefattiga utrymmen. Vi kan till och med hjälpa andra att andas och uthärda. Kanske kan vi till och med uppleva något av vad Jesus gav uttryck för när han stod inför sitt eget lidande: »Ingen tar mitt liv ifrån mig; jag ger det av fri vilja« (Joh 10:18). I alla tider verkar det i alla fall ha funnits människor som har fått styrka av en inre trygghet som de litat på att ingen kan ta ifrån dem. Med den upplevelsen i ryggmärgen har de också kunnat finna en egen plats utan att ta någon annans. Ju fler som kan finna en sådan plats desto bättre måste förutsättningarna också bli för en god gemenskap människor emellan.

DEL 2. LEMMAR
I SAMMA KROPP

Är ni ihop, eller...?

»Visst är det mysigt med en liten sladdis...« Det var sköterskans kommentar till mig när jag gick omkring i ett väntrum på Danderyd sjukhus med mitt nästan nyfödda barnbarn i famnen. Jag hade fått följa med som barnvakt när hennes mamma var inne på en efterkontroll. Och visst kunde väl det ha varit mysigt med en »sladdis« vid 60 års ålder – om det hade varit sant. Nåja, missförståndet klarades upp med ett glatt leende, och jag fick i stället ett »grattis morfar« av sköterskan innan hon gick vidare.

Ett glatt leende räckte dock inte riktigt den gång när jag själv missbedömde en relation mellan två personer. Vid en föreläsning på en plats ute i landet såg jag en man i publiken som jag kände igen från en av mina kurser. Han satt tillsammans med en äldre kvinna, och efter föreläsningens slut kom de båda fram och hälsade. Exakt vad jag sa till honom minns jag inte, men det var nog något om att jag tyckte det var roligt att se honom igen och att jag inte hade kommit ihåg att han hörde hemma på just den här orten. Men vad jag sedan tillade minns jag exakt:»... och så trevligt att också få träffa din mor«. Ett ögonblick senare spanade jag efter en fallucka där jag kunde försvinna – när jag insåg att kvinnan i hans sällskap var hans hustru. Där stod jag utan möjlighet att ta tillbaka mina ord. Min genans lindrades något av deras barmhärtiga upplysning att jag inte var den första som hade trampat i klaveret. Den stora ålderskillnaden mellan makarna kunde inte undgå någon.

Dessa två minnen bekräftar min övertygelse att vi ofta automatiskt försöker placera personer vi möter i någon sorts relation, som om vi utgår från att alla ingår i ett visst socialt sammanhang. Samtidigt fick jag en påminnelse om att vi inte alltid kan ta för givet att det vi ser är vad vi tror att vi ser. Om jag lärt något av mitt misstag är det väl att jag blivit mer varsam i mötet med människor jag inte känner, så att jag inte för snabbt parar ihop dem med varandra.

Någon sorts sammanhang vill jag dock utgå från att människor ingår i. Det sorgliga faktum att det uppenbarligen finns människor som är helt ensamma vill jag väl helt enkelt inte tänka på. Nog har väl alla en eller flera gruppidentiteter? Ja, frågan är väl om inte tillvarons grundelement är relationer snarare än individer. Det börjar redan när vi som nyfödda barn möter en vuxens blick och det fortsätter med ständigt nya möten där vi bekräftar varandra som individer.»Utan du – inget jag«, konstaterar den judiske filosofen Martin Buber i sin ofta citerade bok *Jag och du*. Att ingen människa är en isolerad ö påminns vi också om i sången

No man is an island,
no man stands alone.
Each man´s joy is joy to me,
and each man´s grief is my own.

Trots dessa frimodiga ord är det ett tragiskt faktum att många människor både lever och dör i ensamhet. Sorgligt nog begravs allt fler i vårt land utan att en enda anhörig är närvarande. Ja, var tionde avliden person begravs faktiskt utan någon som helst akt eller ceremoni, i begravningsbranschen omtalade som »direktare«. Så påståendet att »no man is an island« är i praktiken en önsketanke, ungefär som övertygelsen om alla människors lika värde, så länge dessa principer inte gestaltas i praktisk handling. Den citerade sången fortsätter därför med den utmanande påminnelsen:

We need one another.
So I will defend
each man as my brother,
each man as my friend.

En konkret gemenskap med *alla* miljarder av människor på jorden är ändå omöjlig att gestalta i handling. Att »vi är en massa syskon som tycker om varann« och att »vi är vän med alla på jorden, må ni tro« är naturligtvis också exempel på önsketänkande. När Margareta Melins sångtext »Vi sätter oss i ringen« (Sv ps 608, PoS 714) skulle tas med i *Den svenska psalmboken* 1986 ändrades därför originaltexten från att vara osanna verklighetsbeskrivningar till en önskan och ett viljeuttryck: »vi *vill* vara vänner med alla, må ni tro«. Sanningen är ju att vi »är ihop« med några, men inte med särskilt många, och inte med »each man«. De allra flesta människor på jorden är ju okända för oss och vi för dem. Många är tyvärr också varandras fiender. Om vi ska vara ärliga så tar vi dessutom avstånd från vissa människor och vill inte förknippas med vilka sammanhang som helst.

Även om jag inte vill att *någon annan* ska para ihop mig med vem som helst eller bunta ihop mig med vilket kollektiv som helst, vill jag fortsätta att vilja se människor jag möter i någon sorts mänskligt sammanhang, i varje fall unna dem ett sådant. Men nog kan det vara klokt att inte alltför snabbt placera in individer i ett visst kollektiv – det må vara »ni svenskar«, »ni invandrare«, »ni frikyrkliga«, »ni sossar«, »ni HBTQ[5]-personer« eller någon annan gruppidentitet. En god regel i det sociala livet tror jag är att först sondera läget med någon som känner de berörda och vet hur det ligger till, eller med den direkta frågan »Är ni ihop, eller...?«

---

5   För enkelhetens skull använder jag i denna bok beteckningen »HBTQ«, medan den korrekta och fullständiga förkortning som används i den Kristna regnbågsrörelsen är »HBTQIA+« (Homosexuell, Bisexuell, Trans, Queer, Intersex och Asexualitet). Pluset har lagts till för att inkludera de sexuella läggningar och könsidentiteter som går utanför HBTQIA.

Här är här där *vi* är

Att som enskild person hitta sitt »här är här där jag är« kan vara nog så knepigt. Men än svårare är det att hitta ett gemensamt »vi« i ett kollektiv, och tillsammans med några andra förenas kring ett »här är här, där vi är« som alla verkligen bejakar. De som lyckas finna ett sådant sammanhang där de känner djup samhörighet, och där de samtidigt känner att de blir bemötta och respekterade just som de är, har verkligen anledning till tacksamhet. Vilken stark upplevelse är det inte att vara med i den märkliga process där helheten blir något mer och annorlunda än summan av dess delar! Alla har vi erfarenheter av olika mänskliga kollektiv. En del har vi med oss från början – anhöriga och släktingar, grannar och skolkompisar och arbetskamrater. Några av dessa förknippar vi med minnen av en god tillhörighet. I andra upplevde vi att vi inte riktigt passade in; antingen kände vi oss utanför eller instängda. I vissa av dessa »ärvda« sammanhang lever vi ändå kvar och med några kanske vi identifierar oss hela livet. Andra har fått allt mindre betydelse med tiden, och några kanske vi även har lämnat.

Något vi inte kan hindra är att vi av omgivningen buntas ihop i olika kategorier och sammanhang som vi uppfattas tillhöra, även om vi inte själva kan eller vill identifiera oss med dem. Och att inte bli igenkänd som den man är, utan som någons fru, någons man, någons barn eller förälder – eller kanske som släkting till en »kändis« – upplever många besvärande. Men ett faktum är att det i de flesta människors liv inte bara finns ett *jag* utan också ett *vi* som på något sätt färgar vår identitet. Det ligger faktiskt en sanning

61

i talesättet:»Säg mig med vem du umgås och jag ska säga dig vem du är.«

Anonymitet eller vi-känsla i kyrkan?

I vissa av de mer eller mindre långvariga sammanhang som vi hör hemma under vuxenlivet kan kanske något av en vi-känsla hinna uppstå, till exempel mellan oss som bor på samma gata eller i samma trappuppgång, som går i samma skola eller jobbar på samma arbetsplats. Mindre sannolikt är att någon djupare vi-känsla uppstår mellan oss som åker med samma pendeltåg, prenumererar på samma tidning, handlar i samma storköp, kör samma bilmärke, äter vegetariskt eller gillar en viss sorts musik. I praktiken är de flesta vi möter i vårt vardagsliv – i varje fall på större orter – främlingar för oss. Även om de är våra medmänniskor talar vi ofta om dem som »en massa folk«.

Kan då kyrkan och en kristen gemenskap bli ett ärligt och hållbart »här är här där *vi* är«? Det är en av mina viktigaste frågor i den här boken. Jag vet ju att i kyrkan har många människor upplevt anonymitet, främlingskap och en likformighet som fått dem att antingen känna sig »instängda« eller »utanför«. Samtidigt måste jag för egen del konstatera att jag – åtminstone under vissa perioder av mitt liv – har haft stor glädje av gemenskapen i kyrkan. Men inte minst som pastor har jag hela livet brottats med frågan hur kyrkan ska kunna bli platsen där verklig samhörighet och personlig ärlighet ska kunna förenas. Något jag lärt mig är att samspel mellan individ och kollektiv sällan är något enkelt. För hundra år sedan konstaterade poeten Nils Ferlin att »I livets villervalla så nära vi gå, men så fjärran från varandra ändå.« Den beskrivningen tror jag många känner igen sig i även i vår tid, tyvärr även i kyrkan.

Men vad är då »kyrkan«? Ordet kan avse så olika kulturer, både när det gäller gudstjänstliv och annan verksamhet. I Svenska kyrkan har jag varit på gudstjänster där anonymiteten mellan gudstjänstdeltagarna påmint mycket om den jag upplever på pendeltåget. Alla har visserligen en gemensam »publikrelation« till prästen och övriga medverkande, men någon ömsesidighet i bänkarna tycker jag har varit svår att upptäcka. Vi »färdas« visserligen tillsammans en stund, och – som på tåget – lyssnar vi till samma röst i högtalaren, men precis som där tar folk inte av sig ytterkläderna. Och med undantag för vissa, som kommer till kyrkan gruppvis eller som par, ger gudstjänstdeltagarna inte intryck av att alls känna varandra. Något »andligt hem« verkar »kyrkan« i varje fall inte vara för dem.

I frikyrkliga gudstjänster har jag ibland upplevt det motsatta – att det är en grupp människor där alla känner varandra sedan länge. Om någon saknas så märker alla det, och hälsningar kanske framförs både från och till frånvarande församlingsmedlemmar. Som besökare är man förstås hjärtligt välkommen, man utanförkänslan kan ändå vara stark i relation till det som man uppfattar som en klubb för inbördes beundran, där alla håller koll på varandra, och en del antagligen känner det som en plikt att vara med – så att det inte ska bli »för lite folk på mötet«.

Naturligtvis är dessa beskrivningar karikerande, och verkligheten är mer mångfacetterad, både inom Svenska kyrkan och frikyrkliga församlingar. Men att det är skillnad mellan anonym publik och en liten frikyrkoförsamlings gemenskap är ändå ett faktum, vilket inte hindrar att det kan finnas en fungerande ömsesidig gemenskap och omsorg i olika kyrkliga miljöer.

Olika kollektiv beskrivs ibland som kedjor som inte är starkare än sin svagaste länk. Av erfarenhet vet jag att det *inte* behöver vara så i en kristen församling. Det finns visserligen kristna sammanhang där bilden av en kedja över huvud taget inte stämmer, och de olika länkarna inte ens verka sitta ihop.

Men det finns också kristna gemenskaper som motsvarar den nytestamentliga bilden av en kropp med många lemmar, som har omsorg om varandra och faktiskt kan kompensera för varandras svagheter och brister. De starka kan bära de svaga – ungefär som i en familj som jag lärde känna där mannen var blind och hustrun lam, men tillsammans kunde de både se och gå när mannen bar sin hustru. Liknande samspel har jag sett även i kristna gemenskaper. Men tyvärr inte överallt och inte alltid. Allt för många exempel finns på att de starka negligerar eller kör över de svaga, att majoriteter osynliggör grupper med en avvikande uppfattning, och att enskilda människor hamnar utanför gemenskapen. Skillnaden mellan ideal och verklighet är ofta smärtsamt uppenbar.

Självklart kan en församlings självbild skifta från tid till tid, inte minst genom att medelåldern förändras, något som avspeglas både i den utåtriktade verksamheten och det egna gudstjänst- och gemenskapslivet. Och med självbilden följer förväntningar, såväl på församlingens ledning som på dess medlemmar. För att alltför motstridiga förväntningar inte ska orsaka slitningar tror jag det är viktigt att med jämna mellanrum stanna upp och komma överens om en tydlig positionsbeskrivning, både var man befinner sig och var man *inte* är.

Var och en som har haft ansvar för ett kollektiv är väl förtrogen med frågan hur en gemenskap ska kunna växa fram som är både ärlig och hållbar. Konststycket är likartat oavsett om det handlar om en bussresa, en skolklass, ett projekt eller en middag. Och i högsta grad gäller det uppgiften att vara ledare i en kristen församling. En övertydlig illustration på denna problematik är en välkänd teckning, skapad av den tyske tecknaren och satirikern Hans Traxler, där en lärare sitter vid sin kateder och framför sig har en märklig skolklass:

en skata, en apa, en pingvin, en elefant, en akvariefisk, en säl och en hund. I pratbubblan kan man läsa lärarens instruktion till klassen:»För att vi ska få det rättvist så ska alla klara samma prov. Börja med att klättra upp i det där trädet.«

Mångfald och likabehandling

Lärarens tanke är antagligen att det ska bli rättvist och bra för alla i klassen, men hans likabehandling av alla får helt motsatt effekt. Apan favoriseras på bekostnad av alla de andra djuren, och känslan av gemenskap i klassen befrämjas knappast. För att alla skulle känna sig bemötta just som de är krävs paradoxalt nog att alla får *olika* uppgifter utifrån sina individuella förutsättningar. Att dra alla över en kam innebär en underskattning av de individuella olikheterna, ja, faktiskt bristande respekt för dem som unika individer.

Men frågan är hur långt man som ledare för ett kollektiv kan sträcka sig i ett individuellt bemötande av alla, när man samtidigt har ansvar för hela gruppen. Någon gemensam ordning måste ju finnas om gemenskapen inte ska förlora både identitet och riktning. Om alltför många individer kräver individuellt bemötande och inte är beredda att solidarisera sig med helheten, eller att underordna sig vissa kollektiva normer, får kollektivet svårt att överleva. Av just den anledningen har dessvärre en del gemenskaper upphört – också i kristna sammanhang.

Vad är då hemligheten bakom att vissa kollektiva sammanhang visar sig hållbara över tid? Jag tror att svaret har att göra med kombinationen av gemenskap och ärlighet. Efter många år i den svenska frikyrkligheten, både som medlem och pastor, är jag väl förtrogen med både framsidor och baksidor av dessa sammanhang, och jag vet att denna kombination inte är självklar. Många människor har tyvärr under historiens gång farit illa i kyrkan, och vi får hela tiden nya rapporter om maktmissbruk och dubbelmoral i olika kristna sammanhang. Trots sådana missförhållanden kan jag inte släppa tanken på att kyrkan skulle kunna erbjuda det syskonskap och det sammanhang som Malmberg skriver att »dårarna« gick miste om i sin ensamhet. Ja, var skulle det kunna ske bättre än i en kristen gemenskap? I den frågan ligger inte bara ett önsketänkande från min sida utan en faktisk erfarenhet av att jag själv fått smaka detta goda. Jag är beredd att instämma i det pretentiösa påståendet:

Det finns ingen jordisk släktskap,
det finns ej ett vänskapsband
som binder hjärta till hjärta så fast uti främlingsland
som detta att äga gemensamt en Fader, en tro, ett hopp,
att vara en andlig enhet som lemmar i Kristi kropp.
(Ps 301: 2)

Sångtexten ger naturligtvis en idealbild. Verkligheten är ofta komplicerad och mångfacetterad. I fler av de följande kapitlen problematiserar jag både gemenskap och gudstjänstliv i kyrkan. Ibland frågar jag mig till exempel om församlingslivet medverkar till att fördjupa den enskildes tro – eller till att förytliga den. Tål gemenskapen att enskilda människor talar uppriktigt om hur de mår och om vad de egentligen tänker och tror? Riskerar vi som individer att förlora oss själva i det kristna kollektivet, eller är det tvärtom så att gemenskap är en förutsättning för att vi som enskilda ska hitta oss själva? En ständig fråga i de flesta mänskliga sammanhang gäller förstås också spänningen mellan höga ideal och verkligheten sådan den faktiskt ser ut.

Tala för dig själv!

»Tala för dig själv!«. Många gånger har jag tyst inom mig uttalat de orden när en person gett uttryck för en egen känsla eller åsikt som om den var gemensam för alla, men som jag personligen inte känt igen som min egen. Jag har helt enkelt inte varit »där«. Det kan ha gällt när någon förfasat sig över en sorglig händelse i vårt samhälle med orden: »Har vi inte kommit längre?« – som om vi alla var delaktiga i ett visst klandervärt beteende! Inom mig har jag protesterat mot att bli inkluderad i detta »vi« och reagerat med ett »vilka idioter är det som bär sig åt på detta sätt!« Nog för att även jag ibland är skyldig till sådant som är klandervärt och det vill jag ta ansvar för. Men inte för allt!

Allt som oftast när jag varit med på en gudstjänst har det också hänt att jag inte känt igen mig i generaliseringar där någon utgått från att alla närvarande har samma åsikt eller känsla. När jag av en gudstjänstledare – eller i en agenda – har fått ord lagda i min mun som inte haft täckning i mitt eget inre, och jag förväntats instämma i en unison sång eller en bekännelse som känts främmande för mig, har jag hamnat i ett dilemma: Ska jag delta av solidaritet och »för sällskaps skull« eller tiga för att rädda min själ – eller i varje fall min självrespekt? Avsikten har naturligtvis varit att jag skulle bli inkluderad i en gemenskap, men då har jag samtidigt buntats ihop med ett kollektiv vars tro och andlighet inte stämt med min egen.

Vid en föreläsning är förutsättningarna annorlunda än i en gudstjänst. Då ges som regel tillfälle både att ställa frågor och komma med invändningar, medan det i en gudstjänst ofta råder en andaktsstämning där den outtalade regeln är att man inordnar sig i den givna ordningen och håller privata reaktioner för sig själv. Ja, att få ingå i något gemensamt och större är väl själva poängen med att delta i en gudstjänst. Men därmed får den som predikar eller leder gudstjänsten möjlighet att tala oemotsagd, en maktsituation som lätt kan missbrukas. Det fenomenet upptäckte jag redan som ung pastorspraktikant. Med bara några ord eller en gest kunde jag få en hel församling att lyda mina instruktioner – att stå upp eller sitta ner. Med orden »Vi står upp och sjunger tillsammans psalmen nummer...» eller »Låt oss be och bekänna med orden ...« kunde jag både styra församlingens beteende och lägga ord som jag hade valt i de enskilda deltagarnas mun. Tidigt fick jag alltså smaka på den risk för manipulation och maktmissbruk som det finns så många tragiska exempel på i religiösa och politiska rörelser både förr och senare.

Grupptryck på gott och ont

När stora grupper av människor samlas är starka krafter i verksamhet. Grupptrycket kan få enskilda människor till att bete sig på ett sätt som de aldrig skulle göra på egen hand. Vad är väl så härligt som att uppleva en intensiv gemensam gruppkänsla? Jag har egna minnen av sådana upplevelser, inte minst konsertupplevelser när applåderna aldrig ville ta slut. Då har det varit svårt att inte bli gripen, inte bara av själva musiken, utan minst lika mycket av den magiska och medryckande stämningen bland så många människor. Till exempel när jag på TV sett *Last Night of the Proms* från Royal Albert Hall i London har jag haft svårt att hålla tårarna tillbaka.

Även från en del gudstjänster har jag starka och goda minnen – av gemensam spontan gripenhet, och ögonblick av nåd, när jag för en stund fått lämna mitt eget och bli en del av något gemensamt och större. Ibland har det varit som om »himlen har landat«. När en grupp människor får uppleva en sådan gudomlig beröring av hela sin varelse händer något med hela gemenskapen. Tårögda blickar och varma kramar bekräftar med glädje att här är verkligen där vi är och vill vara.

I ärlighetens namn måste jag medge att jag också varit med om motsatsen – att varken jag eller de andra varit känslomässigt närvarande i sina ord och handlingar. I stället har vi mekaniskt följt en skriven agenda eller anvisningar från en mötesledare. Tyvärr tror jag att detta inte är helt ovanligt – vare sig i frikyrkliga gudstjänster eller i svenskkyrkliga högmässor. För att inte tala om skrämmande berättelser från »sekteristiska« sammanhang där ett starkt gemenskapsbehov i förening med lydnad under ett auktoritärt ledarskap kunnat förlama människors sunda förnuft.

Den delikata uppgiften man står inför som pastor och församlingsledare är att finna en balans mellan vad som gagnar hela gemenskapen och samtidigt respektera enskilda människors behov, preferenser och mentala allergier. Hur ska man kunna medverka till en upplevelse av både gemenskap och ärlighet? Ja, hur långt kan man sträcka sig för att svara mot varje enskild människas önskan att bli bemött »som den jag är«, samtidigt som man vill värna om gemenskapens kollektiva behov?

Olikheter och ärlighet

Tidigt under min tid som pastor blev jag tvungen att i handling ta ställning till sådana frågor. En kvinna vädjade till exempel till mig att undvika vissa »väckelsesånger«, som kunde utlösa den andliga »allergi« som hon hade utvecklat på

69

grund av smärtsamma erfarenheter under sin ungdomstid. Eftersom jag har vissa egna andliga allergier förstod jag på en gång hennes önskemål, men något löfte att allergiframkallande sånger inte skulle förekomma i våra gudstjänster kunde jag inte ge henne. Det fanns ju också många andra att ta hänsyn till. Jag bedömde det som orimligt att *en* persons önskan skulle få styra en hel församling. Jag såg därför ingen annan möjlighet än att låta henne hantera sitt problem på egen hand – genom att låta bli att sjunga med och försöka uthärda, eller att söka sig någon annanstans där den musikaliska kulturen kanske skulle »skava« mindre. Eller att »gå in i sin kammare« där hon kunde »tala för sig själv« på det unika sätt som passade just för henne.

Ett annat exempel på samma problematik hörde jag om från en församling där den traditionella psalmsången till orgelackompanjemang hade ersatts av »lovsånger« ledda av en lovsångsgrupp med synt, gitarr, bas och trummor. Där var det en mångårig medlem som hade svårt för den nya stilen, men som också hade lovat Gud att vara sin församling trogen och bestämt sig för att uthärda. I ärlighetens namn bestämde han sig för att tala med ungdomarna i lovsångsgruppen och låta dem veta vad han, och flera med honom, tyckte och kände. Borde man inte i en kristen församling kunna vara ärlig mot varandra? Och visst var det ärligt av honom, men var det klokt? Borde han kanske ha hållit lidandet för sig själv och bett Gud om tålamod och tolerans? Då hade han besparat lovsångsteamet ett bekymmer, men i gengäld hade hans – och flera andras – upplevelse osynliggjorts.

Ja, frågan i en församling är vems önskemål som ska prioriteras för att så många som möjligt ska känna sig inkluderade? Och hur ska man visa respekt för dem som känner sig främmande och utanför? I det här fallet skulle det antagligen kännas lika obekvämt för den unga lovsångsgruppen att sjunga gamla tråkiga psalmer som för vissa äldre medlemmar att stå upp och sjunga »lovsång« – och för en akvariefisk eller en elefant att klättra upp i ett träd.

Att få tala och tänka för sig själv är ett grundläggande mänskligt behov, liksom att få uttrycka sig på ett sätt som känns naturligt och bekvämt. Samtidigt inser de flesta av oss att vi inte alltid kan få det som vi vill när vi ingår i en gemenskap med andra. Detta är inte någon enkel ekvation, och frågan är om det finns någon annan hållbar lösning på detta dilemma än att olika andliga kulturer får växa sida vid sida i olika kyrkor och församlingar. Enskilda människor får helt enkelt söka sig till den kultur som passar dem bäst. Många har dock upptäckt att detta inte är så »helt enkelt«. Att lämna en församling där man hört hemma under många år kan kännas som att bli andligen hemlös. Resultatet kan också bli en svårbegriplig mångfald som kan förvirra andliga sökare som söker en kristen gemenskap att tillhöra. Någon kristen enhetskultur är dock inte möjlig med mindre än att mångfalden osynliggörs, med konsekvensen att den rikedom och välsignelse som den kristna kyrkan faktiskt rymmer går förlorad.

En lösning som är tillgänglig för oss alla är förstås att följa Jesus råd: »När du ber, gå då in i din kammare, stäng dörren och be sedan till din fader som är i det fördolda. Då ska din fader, som ser i det fördolda, belöna dig« (Matt 6:6). Men när Jesus därefter lär sina lärjungar hur de ska be är det ändå med ord som påminner om att vi som kristna ingår i en andlig gemenskap med andra. »Herrens bön« inleds ju med orden »*Vår* Fader« och fortsätter sedan med ett antal »vi« och »oss«, medan pronominet »jag« inte förekommer en enda gång.

Synliga olikheter eller osynlig mångfald

I TV- programmet »Fem myror...« fanns ett inslag som hette »en ska bort«. Det demonstrerade på ett handgripligt sätt vilka olika konsekvenser det får om man fokuserar på likheter eller olikheter i ett visst kollektiv – och vilka olika faktorer man kan utgå från för att bestämma vilka som hör samman med varandra och vem som ska bort.

I en hylla med fyra »fack« hade Brasse placerat fyra olika leksaksdjur och han ställde sedan sina kamrater inför frågan vilket djur som inte hörde ihop med de andra tre och som därför skulle bort. En gång var det en höna, en sköldpadda, en haj och en häst. Ett spontant svar från Eva och Magnus var att hajen skulle bort. Den lever ju i havet medan de övriga djuren hör hemma på land. Deras svar underkändes dock raskt av Brasse med ett muntert och överlägset »fel, fel, fel...« och så kom han med sin egen lösning. Enligt honom skulle sköldpaddan bort eftersom den börjar på »s« medan alla de tre andra djuren börjar på bokstaven »h«. Det tyckte han var den »fiffigaste« lösningen. Men för den skull fick han inte sista ordet. Sketchen slutade med den indignerade sucken från Eva och Magnus: »Tycker han, ja!«

Barnen och deras föräldrar fick alltså lära sig att det kan finnas olika åsikter om vilken som är »den fiffigaste lösningen« när man ska bedöma vilka ting eller personer som hör ihop med varandra och vem som inte platsar i sammanhanget. Därmed problematiserades spontana och till synes självklara åsikter, och som tittare blev man tvungen att tänka en gång till. På ett djupare plan innehöll den lilla leken allvarliga frågor om hur individer och grupper av människor kan »sorteras« utifrån olika kriterier – på gott och ont. Det TV-programmet bjöd på var faktiskt en grundkurs i diskriminering, i det ordets dubbla betydelse. Oftast förknippas det med ojämlik och orättvis behandling, förtryck av oliktänkande och uteslutning av icke önskvärda, men i sin grundbetydelse avser det helt enkelt förmågan till urskillning. Dels handlar det om att *kunna se* skillnader och likheter, dels om att *göra* skillnad, med andra ord att sortera bort sådant som inte hör till ett visst kollektiv. För barnen var det således en nyttig övning inför vuxenlivet där sortering och prioritering är ständiga utmaningar.

Fler olika övningar förekom i programmet när det gäller att se skillnad – mellan olika bokstäver, siffror och företeelser, olika djur och mellan »här« och »där«. I inslaget »en ska bort« gick övningen dock ett steg längre, till att i handling *välja* bort någon som inte passade in. I all sin lekfullhet antyddes därmed en kusligt realistisk sanning i vår värld: att prioriteringar måste göras när det inte finns utrymme och resurser för alla.

Mångfald och likformighet

Om *alla* i en grupp är olika, som i skolklassen med olika djur, finns det faktiskt en likhet dem emellan just i olikheterna, vilket paradoxalt nog resulterar i en sorts jämlikhet. Om däremot någon ensam avviker från mängden, som en ensam katt bland hermeliner, en ensam kvinna i en grupp av män, en ensam invandrare bland en grupp svenskar etc. kan den avvikande känna krav på sig att vara som de andra för att passa in. Den känslan kan förstärkas om man fokuserar på enheten i gruppen snarare än på dess mångfald. De som är i majoritet kanske ogärna talar om *vi* och *dom* och i stället framhåller gruppens enhet. Att inkludera alla i ett enda stort »vi« kan naturligtvis verka hedervärt och generöst, men följden kan bli att minoritetsgrupper och individer med avvikande åsikter eller förhållningssätt blir nedvärderade och osynliggjorda. Särskilt känsligt är det förstås om det som majoriteten representerar uppfattas som det politiskt korrekta.

Problematiken med enhet och mångfald, och hur en majoritet ska förhålla sig till en minoritet, finns i alla kollektiv. Så var det redan i den tidiga kristna kyrkan. När aposteln Paulus i Romarbrevet beskriver församlingen i bilden av en kropp med många lemmar väljer han att lyfta fram enheten framför mångfalden. På liknande sätt gör han i brevet till Galaterna, och genom sitt sätt att skriva osynliggör han faktiskt olikheterna i församlingen:

> Alla är ni genom tron Guds söner, i Kristus Jesus. Är ni döpta in i Kristus har ni också iklätt er Kristus. Nu är ingen längre jude eller grek, slav eller fri, man eller kvinna. Alla är ni ett i Kristus Jesus. (Gal 3:26-28)

Paulus avsikt är tydligen att betona de kristnas enhet i sin tro på Kristus och ur det perspektivet var de olika individuella identiteterna helt underordnade. Men hur mycket mer spännande skulle inte bilden av den kristna gemenskapen ha blivit om han i stället hade skrivit »här är *både* jude *och* grek, *både* slav *och* fri, *både* man *och* kvinna«? Hade han använt negationer i bilden av kroppen och lemmarna skulle han ha fått skriva: Här är *varken* huvud *eller* ben, *varken* ögon *eller* händer – allt är bara kropp, En sådan beskrivning skulle vara omöjlig och dessutom skulle den ha dolt det som var särskilt spännande i den tidigare kyrkan, nämligen att flera olika verkligheter, även till synes oförenliga, kunde leva sida vid sida. Det var så som församlingen skilde sig från sin omvärld där det var långt ifrån självklart att *både* judar och greker, *både* kvinnor och män, *både* slavar och fria skulle kunna ingå i en och samma gemenskap.

Risken att osynliggöra vissa människor aktualiseras i *Equmeniakyrkans Kyrkohandbok.* Där står det att den kristna församlingen – just för att olika typer av diskriminering och ojämlikhet förekommer så ofta i vårt samhälle – är kallad att demonstrera att alla ska känna sig sedda och respekterade: män och kvinnor, barn och gamla, minoritetsgrupper, människor med olika kulturell bakgrund och olika förmågor. Handboken föreslår till exempel att man i det syftet kan använda ett inkluderande språk, där könsbestämda ord för människa och Gud ersätts med könsneutrala ord, och traditionellt maskulina ord kompletteras med feminina benämningar för Gud och människor. I konsekvens med denna princip används också genomgående könsneutrala formuleringar i vigselordningen för att samkönade par inte ska osynliggöras eller diskrimineras.

Att använda ett inkluderande språk räcker dock inte för att undvika särbehandling och diskriminering. Det blir tvärtom en sorts likabehandling som faktiskt kan leda till motsatsen, precis som i exemplet med djurens skolklass. Om man till exempel förväntar sig att alla ska stämma in i samma unisona sånger, böner och bekännelser drar man snarare alla över en kam, ungefär som läraren med de olika djuren. Men alla i en gudstjänst känner inte på samma sätt inför alla ord och uttryck. Och för en del kan uppmaningen att instämma i en bekännelse, att stå upp och sjunga lovsång eller att dela en fridshälsning med sin bänkgranne säkert kännas lika obekväm som för akvariefiskar och elefanter att klättra i träd. För att respektera alla är det kanske nödvändigt att praktisera en medveten särbehandling, samtidigt som man på olika sätt värnar om allas lika värde och rätt att vara med i gemenskapen.

För att synliggöra olikheter kom jag en gång i en församling med idén att alla skulle komma till kyrkan i de arbetskläder och »uniformer« som de hade på sig till vardags, kanske också ha med sig något »attribut« från sitt yrkesliv. På så sätt skulle det bli synligt vilka olika erfarenheter som fanns representerade i församlingen, där det fanns både industriarbetare, vårdpersonal, lokalvårdare, akademiker, kockar, banktjänstemän, hemmafruar och studenter. En sådan uppvisning i kyrkan av medlemmarnas vardagskläder skulle kunna ge församlingen en inblick i deras vardagsliv, vilket i sin tur skulle fördjupa gemenskapen och hjälpa dem att kunna möta varandra som de personer de är – för att ännu en gång anknyta till den ofta citerade sångtexten. De skulle få anledning att be för varandras vardagsliv och på köpet skulle de få en bild av församlingens stora kontaktyta mot det omgivande samhället.

Förslaget väckte invändningar. Man menade att det i en gudstjänst är viktigare att betona enheten i Kristus än våra olikheter som människor. Risken man framhöll var också att de sociala och ekonomiska klass-skillnader som faktiskt fanns i församlingen skulle bli tydligare och det var både onödigt och olyckligt. Kyrkans idé, hävdade man, var väl att inte göra skillnad på människor. Mitt förslag föll alltså, och församlingens medlemmar fortsatte att komma till kyrkan i sina »kyrk-kläder«, det vill säga finklädda – med fortsatt likformighet som följd. Den klädkoden passade naturligtvis vissa bättre än andra. Jag minns till exempel en person som, när han blev tillfrågad om att bli nattvardstjänare, tackade nej med hänvisning till att han inte ägde någon snygg mörk kostym. Även om klädkoden sedan dess har förändrats till en enklare och vardagligare stil – också vid nattvardsbordet – tycker jag inte att mångfalden blivit mer synlig, snarare tvärtom.

En konsekvens av den kyrkliga likformigheten tror jag dessvärre är att *skillnaden* mellan livet i kyrkan och livet

77

till vardags riskerar att cementeras – både med avseende på klädsel, beteende och språkbruk. Alltför många har vant sig vid att hålla isär sådant man säger och gör i kyrkan och sådant man gör och pratar om till vardags. *Skillnaden* mellan vad som gäller »här« och vad som passar sig »där« blir därmed mer fokuserad än hur de olika roller man har som kristen människa hänger ihop i en helhet.

Religiösa utvecklingsstadier

En av svårigheterna när vi vill finna ett andligt sammanhang som passar oss, eller i varje fall inte skaver alltför mycket, är att vi är så olika som människor. Det leder helt naturligt till att vitt skilda kulturer har utvecklats vid sidan om varandra. Likheter och olikheter människor emellan handlar då inte bara om ålder, kön och religiös eller kulturell bakgrund utan också om det faktum att vi har kommit olika långt i mognad och utveckling – också i vårt andliga liv. Behov och förutsättningar är därför olika när enskilda personer önskar bli bemötta »just som de är«. Tydligast är det förstås när det handlar om olika åldrar. Det demonstreras i många församlingar genom att det finns en särskild »barnruta« i gudstjänsterna och att barnen går till egna aktiviteter under predikan. Men också bland vuxna finns stora olikheter som kanske inte syns på ytan. Den som varit med i en församling i många år, och kanske hela livet levt ett medvetet kristet liv, har andra förutsättningar att förstå och ta till sig en gudstjänst än nykristna och andliga sökare. Och inte heller dessa är någon enhetlig grupp.

En modell för att förstå människors andliga utveckling presenterades i boken *Från naivitet till naivitet* (Verbum 1990) av prästen och terapeuten Göran Bergstrand, som under många år var direktor för S:t Lukasstiftelsen. Teorin hade han hämtat från den amerikanske metodistpastorn och religionspsykologen James W Fowler, som i sin forskning identifierat ett antal trosstadier («stages of faith«) som han menar följer ungefär samma mönster i alla religioner.

Kännedom om dessa olika trosstadier är i högsta grad angelägen för alla som har som uppgift att möta människor i gudstjänst och enskild själavård. Olika personers sätt att uppleva och uttrycka sin tro kan faktiskt skilja sig lika mycket åt som de olika djurens förmåga att klättra i träd eller vistas under vatten. Olikheterna återspeglas i vitt skilda gudstjänstkulturer, som ibland finns sida vid sida i ett och samma kyrkosamfund. Medan en person känner sig hemma i en viss liturgisk kultur, kan en annan känna sig främmande i samma kultur. Ibland handlar det inte bara om allmänt ogillande utan om känslomässig allergi. Vissa personer *tål* helt enkelt inte vissa religiösa stilar och uttryck, och problemet handlar oftast inte om vissa lärofrågor utan snarare om människors olika andlighet eller religiositet.

Följande översikt över de olika trosstadier som Fowler identifierat kan förhoppningsvis skapa förståelse för svårigheterna att samtidigt möta allas behov av gemenskap och gudstjänstliv i en och samma församling.

Barnslig tillit – den primära naiviteten.

Den första trosfasen kallar Fowler för *spädbarnsålderns grundläggande tro*, och av Bergstrand kallas den för den *primära naiviteten*. Det är i denna fas en människa får – eller inte får – en grundläggande tillit till omgivningen. I relationen till föräldrar och andra vuxna får barnet förebilder som präglar deras kommande gudsföreställningar. I den grundläggande tron finns inga specifika trosföreställningar. Tron är framför allt tillit, och hur kan man som ett litet barn ifrågasätta det man fått med modersmjölken? Nej, man blir helt enkelt buren in i den religiösa traditionen i kyrkan – eller i moskén – vare sig man vill eller ej.

Sagostadium

Efter spädbarnsåren kommer ett stadium mellan ca två och sex års ålder där barnet med fantasins hjälp skapar sig en bild av verkligheten. Det är en sorts sagostadium där ärvda trosföreställningar och berättelser blandas med rena fantasier, och barnet kan ännu inte skilja mellan dessa och fakta. Därför tänker de att allt är möjligt, vilket gör att små barn inte har några svårigheter att tro på religiösa underberättelser. Att Jesus uppstod från de döda är för barn i den åldern lika naturligt som att Snövit väcktes till liv av prinsens kyss. Barn i denna ålder utgår från att föräldrarna talar sanning och därför blir de tidigt präglade av vad föräldrarna tror – och deras sätt att praktisera sin tro.

Vad är på riktigt?

I skolåldern får barn kamrater från andra familjer och sammanhang där man har en annan tro och livsåskådning än de själva vuxit upp med, vilket gör att de kan ifrågasätta tidigare självklarheter. Varför tror de andra på ett annat sätt och vad är egentligen rätt? Och så kommer frågorna om vad som är »på riktigt« och vad som är »på låtsas«. Religiösa berättelser uppfattas som antingen sanna eller falska. När barn slutar att tro på tomten kan de därför överge även trosföreställningar om Gud. De växer ur barnatron ungefär som de växer ur sina barnkläder. De lägger undan sina leksaker och kan få uppfattningen att tron kan vara bra för barn men saknar relevans i vuxenlivet. Enligt Fowler stannar en del människor för resten av livet kvar i denna trosfas där det enda som finns är det som syns och är på riktigt. Tron förpassas till barndomsminnena och kan bli aktuell igen när man själv får barn.

Konventionell tro

I tonåren utvecklas enligt Fowler *en konventionell* religiositet som kännetecknar perioden fram till ungefär 25 års ålder men som för många människor varar resten av livet. Där handlar frågorna mer om tillhörighet till ett andligt sammanhang än om vad man tror. Det är mer en fråga om *belonging* än om *believing*. Det sociala perspektivet och den andliga gemenskapen kan till och med bli viktigare än sanningen. Vilka man sjunger tillsammans *med* blir viktigare än *vad* man sjunger *om*. Enligt Fowlers teori stannar de flesta resten av livet i denna trosfas. Man vet kanske vad man tror och vad man ska tro, men inte varför. Man talar mer med varandra om kyrkans verksamhet än om Gud och sin tro. Frågan om det var »mycket folk« i kyrkan är viktigare än om predikans innehåll. Samtidigt som man lydigt sjunger med i psalmerna och läser med i bönerna är risken stor att man vänjer sig vid »tomma ord«.

För att få känna samhörighet med gruppen kan människor i denna trosfas ställa upp på nästan vad som helst. Gemenskapen är tillräcklig, och man söker sig sällan till enskild själavård för att få hjälp med sina tros- och livsfrågor. En sådan solidaritet med gruppen och dess ledare kan dock utvecklas till en »blind« tro, och tragiska exempel saknas inte på att människor underordnat sig uppenbart destruktiva sekteristiska rörelser med auktoritära ledare.

Med tanke på min fråga om en ärlig kristen gemenskap finner jag Fowlers beskrivning av den konventionella tron särskilt intressant. Att beskriva den i kritiska termer är inte svårt utifrån mina varningar för att de fromma orden i kyrkan kan fungera som ett socialt kitt, snarare än som uttryck för en uppriktig tro och övertygelse. I vissa fall är en sådan kritik också befogad, men det finns också andra möjliga perspektiv på den konventionella tron. Utan tvekan finns det människor som varken är intresserade av liturgi eller kristen dogmatik men som ändå ärligt och helhjärtat går till kyrkan, även om det inte blir så ofta. Många bejakar med glädje tillhörigheten till en kristen gemenskap som något viktigt – både som ett socialt sammanhang och en andlig näringskälla – utan att kunna redogöra närmare för Bibelns eller trons innehåll. Jag tänker till exempel på min gamla moster, mångårig medlem i en frikyrkoförsamling, aktiv i kören och serveringskommittén och trogen stödjare av ett antal missionsprojekt. När hon fick besök av missionärer från Jehovas vittnen eller Mormonkyrkan som ville diskutera trosfrågor svarade hon: »Ni får tala med min pastor. Han vet vad jag tror.« Ja, hon visste var hon hörde hemma och hon litade på sin pastor. Jag är övertygad om att det finns många som hon, som lever sitt kristna liv i kyrkornas verksamhet, men inte känner sig ha behov vare sig av samtalsgrupper eller enskild själavård. Ändå kan de med uppriktig tacksamhet fråga sig: Vad vore jag väl utan min församling?

Den egna genomtänkta tron

Den egna genomtänkta tron är nästa fas i Fowlers utvecklingsschema, och den växer fram när den konventionella tron inte längre ger tillräckliga svar på livets frågor eller på egna personliga behov. Det kan få som konsekvens att man börjar ifrågasätta både sin tro och det religiösa sammanhang där man hört hemma. Denna trosfas kännetecknas av ett behov att pröva trosinnehållet och bli sin egen auktoritet i trosfrågor. Man nöjer sig inte med att vissa saker *bara är* på ett visst sätt, »sån´t man säger – eller sjunger – i kyrkan«. De som kommer in i denna trosfas vill veta både *vad* de tror och *varför*. De söker därför ett djupare innehåll i traditionella texter, symboler, och fromma beteenden. För dem är *believing* viktigare än *belonging*.

83

Att lämna den konventionella tron har ofta ett pris i form av en förlorad gemenskap. Behovet av en andlig tillhörighet driver därför en del att söka ett nytt religiöst sammanhang, vars tro och praxis stämmer bättre med egna behov och preferenser. Många har dock gjort den smärtsamma upptäckten att sådana sammanhang kan vara svårt att finna, och de blir religiöst hemlösa, religiösa »föredettingar«, som en gång »var med i kyrkan«. Men det var då det! En del av dessa säger sig »ha tron kvar« men utan att gå i kyrkan.

Utifrån sin forskning tror Fowler att de som inte har erövrat en egen, genomtänkt tro i 40-årsåldern aldrig kommer dit, eftersom det i vuxenlivet blir allt svårare att ta sig ur konventionella hjulspår. Min erfarenhet är dock att personliga kriser kan medverka till att även medelålders och äldre har sökt och funnit en gemenskap i kyrkan och även en personligt genomtänkt tro.

Den paradoxala och mystika tron

I sitt schema över trosutvecklingen räknar Fowler med ännu ett par möjliga stadier. Den första av dessa är *den sammanbindande tron* som växer fram ur insikten att tron är viktig, men den är för komplex för att kunna uttryckas i enkla och klara trossatser. Personer som når denna form av tro söker därför nya, paradoxala formuleringar som kan rymma och förena motsatser. De blir intresserade av andra människors och andra religioners tro och försöker komma i kontakt med djupen i sin egen personlighet. En ny tro och andlighet kan växa fram präglad av ödmjukhet och öppenhet inför det mystika i tron, vilket innebär att man tar fram barnatrons gamla »leksaker« och ger dem en ny mening. På nytt kan man instämma i religiösa texter som man tidigare tagit avstånd från, men som nu fått en djupare, andlig mening.

Sekundär naivitet

Den sista och slutliga trosfasen ger Fowler beteckningen *den allomfattande, totala tron.* Han tror dock inte att särskilt många når fram till denna utvecklingsfas. De som gör det är sådana som lever kompromisslöst helt för sin religiösa övertygelse och är beredda att ge livet för det de tror på. I denna tro finns en enkelhet som har likheter med det lilla barnets tillit. De litar helt enkelt på Gud, vilket motiverar att denna trosfas av Bergstrand fått beteckningen »den sekundära naiviteten«. Skillnaden jämfört med barndomens primära naivitet är att de nu är medvetna om alla de tvivel och kritiska frågor som det kan finnas anledning att ställa inför tron, samtidigt som de upplever en självklar gemenskap med Gud och vilar i denna tro. Personer i detta trosstadium kan mycket väl vara lojala medlemmar i en kyrka, samtidigt som de inte är beroende av den. De går sin egen väg och blir ibland pionjärer som får egna efterföljare.

Religionspsykologins begränsningar

Alla religionspsykologiska modeller har sina begränsningar, inte minst är de ofta färgade av en viss kultur, i Fowlers fall det amerikanska samhället i slutet av 1900-talet. En annan viktig begränsning är att det de försöker förklara och tolka är människors religiösa beteende och erfarenheter, medan »Gud« som en existentiell verklighet inte kan beskrivas utifrån evidensbaserad vetenskap. Där är man på trons och hoppets område, och – som aposteln Paulus skriver – »ett hopp som man ser uppfyllt är inte något hopp, vem hoppas på det han redan ser?« (Rom 8:24).

När jag påstår att Gud kan möta oss som vi är, oavsett religiös utvecklingsfas eller fromhetstyp, är det ett uttryck för min egen tro och förhoppning, men också för många människors personliga erfarenhet. Enligt detta sätt att tänka är det inte nödvändigt att nå fram till ett visst religiöst mognadsstadium för att »möta Gud« eller att bli välsignad av Gud. Det är jag övertygad om är möjligt för oss precis som vi är – i vitt skilda livssituationer och utvecklingsstadier. Däremot tror jag vi kan behöva vissa kunskaper och viss andlig mognad för att kunna förstå och ta till oss innehållet i Bibeln och i den kristna kyrkans gudstjänstliv. Ja, vi kan faktiskt även behöva viss religiös kulturkompetens för att känna oss bekväma i en viss kristen traditions gudstjänstliv.

Vad gäller här?

I de tidigare kapitlen har jag belyst problematiken med att skapa en ärlig gemenskap i kyrkan, en kultur som värnar om helheten men också ger rättvisa åt människors olikheter. Om en gemenskap inte ska bli helt identitetslös och bara utgöras av ett antal separata individer, var och en med sin egen profil, måste det ju finnas någon sorts överenskommen ordning. Vilken profil *verksamheten* har i en församling kan man som utomstående få en föreställning om på dess hemsida eller en affischtavla. Men det behövs också någon sorts *ideologisk* positionsbestämning för att det ska framgå vad det är för gemenskap och vad den står för.

När jag skriver detta, våren 2025, är det exakt 1700 år sedan som 250 biskopar möttes till det första stora kyrkomötet i Nicéa. De kom från hela romarriket och syftet med deras möte var att skapa en gemensam troslära för hela den kristenhet som under 300 år hade utvecklats i lite olika riktningar. Vid denna tid fanns ju ännu inte några gemensamma dokument som reglerade vad som gällde i den kristna kyrkan, inte ens Nya testamentets skrifter var helt samlade och kända. Olika lokala traditioner hade därför hunnit växa fram, men nu skulle man alltså komma överens om vad som skulle gälla i fortsättningen. Vid detta möte formulerades den Nicenska trosbekännelsen och den används fortfarande i kristna kyrkor över hela världen.

Genom historien har många liknande möten hållits, när kyrkor och samfund har bestämt vad som ska gälla för dem. Samsyn är viktig både för en kyrkas självförståelse och för den bild man vill visa utåt för sin omvärld. Muntliga traditioner och oskrivna lagar behöver fixeras i tydliga dokument som ger besked som vad som gäller, någon sorts informationsskyltar med innebörden:»Så tror vi här« och»Så gör vi här«.

Saklig innehållsdeklaration och»laddade« skyltar

Från tid till tid uppstår det i den kristna kyrkan situationer när det blir nödvändigt att fatta beslut både om lära och praxis i fråga om bibelsyn, medlemskap, dop, nattvard, äktenskapssyn och olika beteendefrågor. Under de senaste åren är det framför allt HBTQ-frågorna som tvingat kyrkor och samfund till samtal och beslut om sin praxis, särskilt när det gäller möjlighet till samkönade kyrkliga vigslar. Det har visat sig vara en mycket kontroversiell fråga.

Viss»skyltning« om vad en församling har för policy är dock ofta helt okontroversiell, till exempel om att kyrkans lokaler ska vara en alkoholfri zon. En skylt i kyrkans foajé med texten»Vi röker inte här« torde inte heller vålla några problem. Det är helt sakliga upplysningar utan moraliska värderingar om att det skulle vara skadligt eller»syndigt« att röka eller dricka alkohol.

Mer problematiskt kan det vara att skylta med sin ideologiska position, till exempel»Här döper vi inte barn«,»Här viger vi inte samkönade« eller en regnbågsflagga i kyrkans foajé för att markera att alla HBTQ-personer ska känna sig välkomna. Sådan skyltning är visserligen å ena sidan en saklig deklaration av vad församlingen har bestämt som sin policy. Å andra sidan är det också offentliga ställningstaganden i kontroversiella ideologiska frågor, och därmed också en sorts argumentation för vad man i församlingen ser som »rätt« eller»fel«,»bibliskt« eller»obibliskt«. Om en kyrka skyltar med att den är en »bibeltroende kyrka« – vilket inte är ovanligt i USA – är den polemiska övertonen mot vissa andra kyrkor helt uppenbar.

Att en kyrka inte bara informerar om sin verksamhet utan också om sin ideologiska profil är viktigt för att inte väcka falska förhoppningar eller onödiga farhågor hos människor som söker en andlig hemvist, men även för att tydliggöra församlingens profil för de egna medlemmarna. Det är också en påminnelse om att det faktiskt finns många olika kyrkliga traditioner, och att det kan vara bra att förstå sin egen.

En offentlig skylt ger information men väcker också förväntningar. Så är det till exempel med Equmeniakyrkans devis »En kyrka för hela livet där mötet med Jesus Kristus förvandlar – mig, dig och världen«. När man påstår att »hela livet« ryms i en kyrka och att »alla är välkomna« där, bör det också vara sant. En besökare har också rätt att förvänta sig konkreta exempel på att sådan förvandling har ägt rum som utlovas, och att det inträffar då och då. En skylt med den texten bör alltså inte bara uttrycka vad församlingen önskar och hoppas utan också för vad som redan finns. Att ärligt stå för att »där är där vi (ännu) inte är« kan därför vara lika förtroendeskapande som att deklarera vad man faktiskt har att erbjuda.

En gammal »predikohistoria« på detta tema handlar om en man som behövde få sina kläder tvättade och letade efter en kemtvätt. Lyckligtvis fick han på ett butiksfönster se skylten KEMTVÄTT och där gick han in. När expediten såg frågande ut inför kassen med smutstvätt som mannen lade upp på disken, förklarade han det uppenbara: han ville få sina kläder tvättade. Och så pekade han på skylten i fönstret. Där stod det ju tydligt och klart KEMTVÄTT. Då fattade expediten – och förklarade med ett leende att mannen hade kommit till en firma som tillverkar skyltar. Skylten i fönstret var ett exempel på deras produkter. Tyvärr kunde man alltså inte ge honom den önskade tvättservicen. Tillämpningen är uppenbar, både på våra liv som enskilda och på kyrkor och samfund. Ibland är det kanske så att vi är bättre på att tillverka snygga skyltar än på att leverera det skyltarna utlovar. Frågan om vi har täckning för det vi säger att vi är och har kan ge oss anledning till självprövning. Sällan var ju Jesus så skarp i sin förkunnelse som när det gällde hyckleriet hos sin tids andliga ledare, som han liknade vid »vitkalkade gravar som utanpå ser prydliga ut men inuti är fulla av de dödas ben och annat orent« (Matt 23:27).

Ofrånkomliga konflikter

Något som vi nog gärna önskar att skylta med är att vi innerst inne är överens, även i frågor där det uppenbarligen råder delade meningar. Vi vill så gärna visa på enheten i församlingen. Men enhet är nu inte detsamma som enighet, och detta är viktigt att minnas när det inte bara råder en spännande mångfald i församlingen, utan också djupgående meningsskiljaktigheter. En desillusionerad medlem som »varit med förr« illustrerar hur det kan kännas när man *vill* vara eniga, men faktiskt inte *är* det. Han suckade: »En gång var vi helt överens. Men det berodde på ett missförstånd!«

Både inåt mot församlingen och utåt mot omvärlden är det viktigt att erkänna när man i en viss fråga inte »nått ända fram« till enighet, och därför måste dröja med ett beslut. Att frimodigt stå för att man är på väg är då mer förtroendeingivande än att låtsas vara framme. För gemenskapens och enhetens skull är det då också viktigt att en majoritet inte bagatelliserar eller osynliggör en minoritets uppfattning, och inte heller skyller en fördröjning av ett beslut på att vissa »inte har kommit längre« – som om alla egentligen vore överens om vilket mål som är det rätta. Det kan få dem som har en avvikande mening att känna sig som bromsklossar, trots att de kanske inte ens är säkra på att församlingen är på väg åt rätt håll.

Alla som varit på fjällvandring känner igen situationen när några måste vänta in några andra som kommit på efterkälken, och när dessa andra äntligen kommer ifatt och behöver pusta ut, tycker de första att det är dags att dra vidare. Samtidigt inser alla att man inte kan stanna där man är. Att vara ledare för en sådan grupp kräver både pondus och tålamod. Helst bör man förstås inte vara ensam i ledarrollen utan ha en medledare som går sist och ser till att ingen blir kvarlämnad. De olika gruppdeltagarnas förutsättningar bör naturligtvis tas på allvar, men gruppens sammanhållning måste också värnas. Av ledaren krävs då inte bara känslighet, tålamod och pondus utan också förmåga att stå ut med missnöjda deltagares frustration.

Att gå skilda vägar

Ibland visar det sig tyvärr ofrånkomligt att en grupp splittras och enskilda vandrare drar i väg åt olika håll. Detta har också skett på flera håll både i Sverige och ute i världen på grund av meningsskiljaktigheter om HBTQ-frågorna, vilket visar hur djupgående motsättningar det finns på detta område. Att i komplicerade lägen »gå skilda vägar« är förstås inget nytt i kyrkans historia, och det omvittnas även i Bibeln som det mindre onda i en konflikt.

I Gamla testamentet berättas till exempel om hur det uppstod stridigheter mellan Abrahams herdar och Lots herdar, och Abraham kom då med följande förslag till lösning: »Inte ska det råda osämja mellan mig och dig eller mellan mina herdar och dina. Vi är ju av samma släkt. Ligger inte hela landet öppet för dig? Gå du din egen väg. Går du åt vänster så går jag åt höger, och går du åt höger så går jag åt vänster.« Och så skildes de från varandra (1 Mos 13:8–11). Ett exempel från Nya testamentet är det tillfälle när det mellan Barnabas och Paulus uppstod »ett så häftigt uppträde att de skildes åt«. Barnabas tog med sig Markus och seglade över till Cypern. Paulus reste däremot genom Syrien och Kilikien (Apg 15:39-40).

Hållbara beslut

När jag försöker skildra problematiken med att skapa en ärlig gemenskap i kyrkan, tycker jag att det finns tydliga paralleller både till en grupp fjällvandrare och till skolklassen med de olika djuren. Och naturligtvis är det mer krävande att leda en församling i en längre process där beslut ska fattas om ordningar som ska gälla över lång tid, jämfört med att under en gudstjänst hålla samman en grupp människor med olika förutsättningar och behov. För att en gemenskap ska kunna hålla samman över tid är det ju helt enkelt nödvändigt att komma fram till beslut, åtminstone i vissa frågor. Gemenskapen tröttas ut och tar skada om man bara håller på att prata. Mångfalden måste förr eller senare samordnas i en enhet. Den processen kräver en kombination av ärlighet och solidaritet. Först måste man konstatera att »här är här, där vi är« och undvika att fastna i olika förklaringar till varför man kommit dit där man är, och heller inte flyr till önsketänkande om hur allt måste bli. Sen kan man gå vidare, och då är det helt enkelt nödvändigt är att »spela bollen som den ligger« även om det känns förargligt och läget är besvärligt. I brist på enigt beslut är det nödvändigt med en – åtminstone provisorisk – tydlig skylt med innebörden: »Nu gör vi så här!«, och så får alla förhålla sig till vad som gäller för tillfället.

Alternativen är att stanna och respektera ordningen eller lämna och söka sig till ett annat sammanhang där man kan tänka sig att tillhöra.

Så eniga som möjligt

I en församling där det fanns starka motsättningar i en policyfråga fick jag förtroendet att som extern konsult medverka till att beslutsprocessen skulle bli så bra som möjligt – med den uttalade målsättningen att så få medlemmar som möjligt skulle lämna församlingen. Styrelsen hade kalkylerat med att det skulle bli omöjligt att få ett enhälligt beslut oavsett i vilken riktning det skulle gå. Det visade sig vara realistiskt. För sitt samvetes skull såg sig några medlemmar nödsakade att lämna församlingen när beslutet hade fattats. Men att leva utan ett beslut om vad som skulle gälla i församlingen skulle inte ha varit möjligt. Och så är det ibland. Man måste helt enkelt bestämma vad som ska gälla och man kan inte vara på väg hur länge som helst.

Något jag lärde mig av denna process var att inte tala om segrare och förlorare när ett beslut är fattat och oenigheten varit uppenbar – som om det vore fråga om en kamp mellan fiender. I sådana lägen sätts gemenskapens kvalitet på prov. Kan den majoritet som fick sin vilja igenom visa omsorg om den minoritet som inte fick som de ville – till exempel genom att önska dem välsignelse i försöken att finna ett annat sammanhang där de skulle kunna trivas bättre? Ungefär som i en ofrånkomlig skilsmässa där ömsesidig omsorg ändå kan finnas kvar mellan ett par tidigare makar.

Så är det inte hos er

När jag vid mönstringen till den allmänna värnplikten meddelade att jag tänkte vägra vapen fick jag frågan hur jag trodde det skulle fungera om alla gjorde som jag. Menade jag alltså att Sverige inte alls behövde något militärt försvar? Jag ställdes därmed inför 1700-talsfilosofen Immanuel Kants »kategoriska imperativ« som i sin grundformulering lyder: »Handla endast efter den maxim genom vilken du också kan vilja att den blir en allmän lag«. Enligt denna princip skulle jag alltså med mitt handlande kunna vara ett föredöme för alla andra.

Jag svarade på frågan genom att förklara att jag som kristen såg som min kallelse att göra en insats här i världen på ett annat sätt än genom militärtjänst. Någon förväntan på att alla andra skulle göra på samma sätt hade jag verkligen inte. Med en uppväxt i den svenska frikyrkligheten var jag van vid att tänka att jag var annorlunda än de flesta andra, och i skolan var jag faktiskt också för det mesta ensam kristen i klassen. Att jag skulle vara ett föredöme för alla andra var verkligen inte hur jag såg på mig själv. Jag var tvärtom van vid att vara udda och utanför, åtminstone när det gällde min tro.

Ett annat exempel på en liknande situation kommer från min uppväxt i en baptistisk miljö där det var en självklar regel att man som kristen var helnykterist. Inte för att det skulle vara hälsovådligt med alkohol, utan för att det var »synd« att dricka. Regeln var så strikt att en specerihandlare så sent som på 1950-talet blev utesluten ur en församling för att han sålde pilsner i sin butik. I en sådan miljö var det jag levde som barn när min pappa vann en fruktkorg i ett lotteri på sin dåvarande arbetsplats på Oskarshamns varv. I fruktkorgen låg en flaska med en fin guldfärgad kork, antagligen innehållande en ganska »ofarlig« ciderdryck, men man kunde inte vara säker. Frågan uppstod i varje fall om han kunde bjuda på denna dryck i vårt hem. För att vara på den säkra sidan bestämde sig pappa att ge bort flaskan till sin bror som varken var troende eller nykterist. I broderns familj, där andra levnadsregler gällde, skulle flaskan kunna bli till glädje.

I min frikyrkliga världsbild var det självklart att kristna hade en annan livsstil än världen utanför. Visst hade väl också Jesus varit tydlig på den punkten. »Så är det inte hos er«, sade han till sina lärjungar när han jämförde dem med denna världens härskare och furstar och hur dessa levde. Bland hans lärjungar skulle det råda en annan ordning. Just denna gång i Jesus undervisning handlade det om hur människor använder sin makt, och bland lärjungarna skulle gälla att den som vill vara stor bland er ska vara de andras tjänare« (Matt 20:25-26). Men till den kollektiva självbild jag växte upp med hörde att vi var annorlunda – och *skulle* vara annorlunda – på alla möjliga sätt. Med orden »så är det inte hos er« bekräftar Jesus helt enkelt budskapet i barnvisan från »Fem myror...« att det är skillnad på »här« och »där«. Och till de troendes bild av »världen« hörde övertygelsen att »där är där *vi* inte är«.

Att hitta bibelord som uttrycker samma förhållningssätt är inte svårt. I Petrus första brev finns till exempel följande hälsning till de kristna:

> Men ni är ett utvalt släkte, kungar och präster, ett heligt folk, Guds eget folk som ska förkunna hans storverk. Han har kallat er från mörkret till sitt underbara ljus. Ni som förut inte var ett folk är nu Guds folk (1 Pet 2:9–10).

Förhållningsreglerna om ett kristet liv riktas här till dem som ett »Guds folk«, inte till människor i allmänhet. Som

»ett folk« är de kristna enligt detta synsätt »gäster och främlingar« här på jorden. Och hur Jesus såg på sina lärjungars position i världen är helt klart i hans avskedstal och hans förbön för dem:

Jag ber inte att du ska ta dem ut ur världen utan att du ska bevara dem för det onda. De tillhör inte världen, liksom inte heller jag tillhör världen. Helga dem genom sanningen; ditt ord är sanning. Liksom du har sänt mig till världen, har jag sänt dem till världen. ... Jag ber för dem. Det är inte för världen jag ber, utan för dem som du har gett mig, eftersom de är dina (Joh 17:9,15–18).

Tjänst eller medberoende

Ett påstående som jag mot bakgrund av dessa bibelord känner mig tveksam till är det som finns i psalmen »Gud från ditt hus, vår tillflykt du oss kallar« (Ps 288), där en textrad lyder: »ett med din värld, så vill du vi ska leva...«. Är det verkligen sant att Gud vill det? För de flesta kristna genom historien har det i varje fall inte varit någon självklarhet. Tvärtom verkar jordelivet för aposteln Paulus och de första kristna ha varit en sorts väntrum, varifrån det gällde att vara beredd på uppbrott. Visserligen uppmanas de troende att vara närvarande där de är och sätta en ära i att »leva lugnt och stilla, sköta [sitt] eget och arbeta med [sina] händer«. Men samtidigt förkunnar aposteln det kristna hoppet om Kristus återkomst varefter de troende alltid ska få vara hos Herren. Med sitt budskap vill han lugna dem som funderar på hur det ska gå med dem som avlider, och trösta dem »så att [de] inte behöver sörja som de andra, de som inte har något hopp« (2 Thess 4:11-12).

I de nytestamentliga texterna står det helt klart att den kristna församlingen är »särskild«, men också att den är kallad att betjäna sin omvärld. Jesus ber ju: »Liksom du har sänt mig till världen har jag sänt dem till världen« (Joh 17:18). Någon uppmaning till de kristna att leva »ett med din värld« kan jag däremot inte hitta. Finns det inte tvärtom genom hela NT tydliga uppmaningar att vara medveten om gränsen mot »världen« och att på olika sätt skilja ut sig från den? Mina reflektioner går till den verksamhet där jag varit engagerad hela mitt yrkesliv som terapeut och själavårdare. I dessa roller är det en grundregel att hålla gränsen klar mellan sig själv och sina konfidenter. Symbiotiska beroenden kan annars uppstå som är till skada för både terapi och själavård. Det gäller därför att kunna skilja på vem som är vem, vad som är ditt och mitt, och mellan »här« och »där«.

På liknande sätt är det också i många andra professionella verksamheter. Sjukvårdspersonal ska betjäna patienterna, och lärare ska undervisa sina elever, inte *vara ett* med dem. Tvärtom behövs en professionell distans för god vård och undervisning. Samma princip gäller i hjälporganisationer som Röda Korset och Läkare utan gränser, där medarbetarnas uppdrag är att betjäna lidande människor utan att identifiera sig med någondera parten i en politisk konflikt. Att »vara ett« med de drabbade är knappast något prioriterat ideal. Troheten gäller mot uppdragsgivaren och uppdraget: att verka för hälsa och fred, att visa kärlek, att vara djärva och att »finna nya medel« i tjänsten »för fred och bröd åt alla«, precis som psalmen säger. Att detta inte är något enkelt uppdrag framgår i raderna »människors krav skall pressa oss och tvivel, oro och jäkt skall tynga våra sinnen«. Allt detta känner jag igen som en kristen kallelse, däremot inte att leva »ett med världen«.

En klargörande illustration för denna problematik som jag aldrig kunnat glömma fick jag på en kurs för själavårdare där en föreläsare talade om två män som hade hamnat i samma isvak. Där hade de förstås inte svårt att förstå varandra. Risken var tvärtom att de skulle »drunkna i ömsesidig förståelse«. Föreläsarens poäng var att vi som själavårdare måste ha ett rejält fotfäste *utanför* relationen till våra konfidenter för att kunna vara dem till hjälp. Mellan tjänst och medberoende är det en viktig skillnad, liksom mellan medkänsla och medberoende, och inte alltid är ömsesidig förståelse en tillgång; den kan tvärtom ibland vara en begränsning och ett problem.

Frågan är om detta inte även gäller den kristna församlingens förhållande till den omgivande världen. Kyrkans gräns mot »världen« har dock dragits på väldigt olika sätt under historiens gång, alltifrån fullständig enhet mellan stat och kyrka, som i Sverige på 1600-talet, till fiendskap och främlingskap i tider och länder där kyrkor förbjudits och de kristna har varit utsatta för öppen förföljelse från det omgivande samhället – ett sorgligt faktum på många håll även i vår egen tid.

Gränsen mellan världen och församlingen

Inom församlingen och bland de troende har olika »syndkataloger« angett var gränsen går för vad som hör hemma i kyrkan, liksom för vad som är villolära eller oacceptabelt beteende. Avstängning från nattvarden och uteslutning ur församlingen har varit disciplinära åtgärder för olika avvikelser från ordningen, och de har definierats på olika sätt i olika religiösa sammanhang. Uppförandekoder och syndkataloger har också förändrats kraftigt från tid till tid i kyrkans historia, ofta under inflytande av den omgivande kulturen.

Med orden »så är det inte bland er« verkar Jesus mena att *olika* normer gäller »här« och »där«. Åtminstone vid detta tillfälle kritiserar han inte furstarna för deras maktutövning. Han anger i stället vad som rätt och fel, tillåtet och förbjudet, för hans lärjungar. Kontrasten mellan »världen« och Jesu lärjungar blir därmed skarpare, och så har det sett ut under långa perioder i kyrkans historia. Det har gällt för de kristna att »akta sig för världen«, att hålla sig borta från »synd och värld«. Ja till och med att leva tillsammans och »vara ett« med icke-troende har bedömts som skäl för uteslutning. Så här skarpt kunde aposteln Paulus uttrycka saken till de kristna i Korinth:

> Gå inte i par med de otroende. Vad har rättfärdighet med laglöshet att skaffa, och vad har ljuset gemensamt med mörkret ... och vad förenar den troende med den otroende? ... Vi är den levande Gudens tempel, ty Gud har sagt: Jag ska bo och vandra mitt ibland dem och vara deras Gud, och de ska vara mitt folk. Därför säger Herren: Dra bort från dem och skilj er från dem. Rör inte vid det som är orent. Då ska jag ta emot er, och jag ska vara er fader, och ni ska vara mina söner och döttrar, säger Herren, allhärskaren (2 Kor 6:14 ff).

I den svenska frikyrkligheten gällde länge en sådan ordning att en medlem som »i bekännelse och handling medvetet och otvetydigt [tog] avstånd från tron på Jesus Kristus« kunde bli utesluten ur församlingen. Vad som bedömdes som »avståndstagande från tron på Jesus Kristus« tolkades olika på olika håll, allt från lärofrågor, sexualmoral, alkohol, rökning, samlevnad med icke-troende till passivitet. Men efter att det fram till mitten av 1900-talet varit vanligt med uteslutningar är de nu mer sällsynta. En intressant förändring har också har ägt rum: skälet till uteslutning handlar framför allt om medlemmarnas förhållningssätt till sin församling. I

Equumeniakyrkans ordning sägs att uteslutning kan ske »om någon uppenbart splittrar eller skadar gemenskapen«.

Även om relationerna mellan församlingen och omvärlden har växlat under historiens gång har nog den kristna grundsynen hela tiden varit att församlingen är »utkallad« ur världen, vilket är den direkta betydelsen av det grekiska ordet *ekklesia* som används för »församling« i Nya testamentet. Den är dock inte utkallad till att vara isolerad från världen, inte heller till att »vara ett« med världen, utan till tjänst för världens skull. I den citerade psalmen finns ett tydligt »vi« som ber att Gud ska göra oss djärva, fria, kloka och glada i den tjänsten.

Missledande översättning

När jag hade skrivit klart det här kapitlet blev jag uppmärksammad på att den svenska översättningen av psalm 288 avviker från det engelska originalet på en väsentlig punkt, nämligen just den som jag ifrågasätter – formuleringen »ett med din värld så vill du vi ska leva«. Den text som Fred Kaan ursprungligen skrev har i stället följande lydelse:

> Lord, as we rise to leave the shell of worship,
> called to the risk of unprotected living,
> willing to be at one with all your people,
> we ask for courage, we ask for courage.

I formuleringen »willing to be at one with all your people« (villiga att vara ett med allt ditt folk) blir det tydligt vilket »vi« som är subjekt i hela psalmtexten, nämligen den gudstjänstfirande församlingen som kallas från sin tillflykt i Guds hus ut till tjänst i »en värld där stora risker väntar«. Tillsammans uttrycker de sin vilja att vara *ett med varandra* i den tjänsten.

Detta stämmer väl överens med hur Nya testamentet skildrar de första kristna, och det har varit en dominerande praxis i kyrkans historia alltsedan dess.

Nu väljer jag att låta kapitlet stå kvar så som jag ursprungligen hade skrivit det, men kompletterat med detta tillägg. Det kan då tjäna som exempel på hur viktigt det är att de ord vi sjunger tillsammans i kyrkan är tillförlitliga, särskilt som sångtexter som *sjungs* in i vårt medvetande sannolikt präglar vår tro mer än många bibeltexter. När vi dessutom i unison sång påminner varandra om vad som är Guds vilja för oss är det ännu viktigare att budskapet stämmer överens med den Guds vilja som uttrycks i Bibeln och den kristna traditionen. Så hur vill då Gud att vi ska leva som kristna? »Ett med din värld« eller »Ett med varandra« i tjänst för världen? Även om de både alternativen kan överlappa varandra håller jag mig till det senare, och jag kommer därför även i fortsättningen att hoppa över den tvivelaktiga raden i den svenska översättningen av denna fina psalm, som jag i övrigt tycker mycket om.

DEL 3. FROMMA ORD
ELLER TOMMA

Att vara närvarande i sina ord

Att »leka tittut« är ett naturligt inslag i samvaron mellan små barn och vuxna. Om en förälder omväxlande syns och inte syns är det bara roligt – men om den vuxne för lång stund försvinner utom synhåll för barnet kan det bli kusligt. Då är det roliga plötsligt över, den viktiga anknytningsprocessen kan störas, och därmed den grundläggande tilliten, i olyckliga fall med livslång tillitsbrist som följd.

I vuxenlivet finns paralleller till denna problematik när samtal växlar mellan skoj och allvar. Båda hör naturligtvis hemma i ett levande och dynamiskt samspel människor emellan, men ibland kan det vara svårt att uppfatta skillnader mellan skämt, ironi och allvar. Någon enstaka gång kan det vara på sin plats att fråga: »Menar du allvar, eller skojar du?« men att ständigt behöva undra vad en person egentligen menar gör en relation svårare. För att en gemenskap ska fungera behöver vi helt enkelt veta var vi har varandra. Inte minst me-too-kampanjen gjorde oss medvetna om hur viktigt det är med ömsesidigt och *tydligt* samtycke i intima relationer.

Farliga förklädnader

Alla ärliga och förtroliga samtal behöver naturligtvis inte vara allvarliga och seriösa. Även det lättsamma snacket har sin plats och det gör oss gott att kunna prata och skratta tillsammans i goda vänners lag. Men för att det verkligen ska vara *goda* skratt tror jag det krävs trygghet, och att man vet var man har varandra. Att någon gång som vuxna leka tittut med varandra, till exempel på en maskerad, när man *inte* vet vem som döljer sig bakom en förklädnad, kan säkert också vara både kul och spännande. Men i det verkliga vuxenlivet kan det bli kusligt när någon som man litade på visar sig vara en helt annan än den man trodde.

Bakom förklädnader kan ju vilka personer och avsikter som helst dölja sig – som när den maskerade adelsmannen Anckarström mördade kung Gustav III på Operan i Stockholm 1792. Genom historien finns det många exempel på faran med falska förklädnader. Även Jesus talade om den när han varnade för »falska profeter, som kommer till er förklädda till får men i sitt inre är rovlystna vargar« (Matt 7:15). Också i vår egen tid aktualiseras problematiken när människor uppträder under falsk förklädnad – även i vardagslivet. I en av sina dikter skriver till exempel poeten och nobelpristagaren Tomas Tranströmer om människor »som inte kan vistas någon annanstans än på sin framsida«. Han beskriver dem som »en pakt mellan två, där den ene skall vara synlig till hundra procent och den andre osynlig«. Tranströmer kommer med ett drastiskt förslag: att vi ska gå förbi dem, inte ha med dem att göra. Det är kanske ett klokt råd, men också ganska sorgligt, för antagligen behöver just dessa människor en djupare och ärligare kontakt med sin omgivning.

Det sociala spelet

Sorgligt är det å andra sidan också när människors umgänge ibland bara blir ett »socialt spel« präglat av jargong och halvsanningar. Poeten Nils Ferlin skrev:»Vi haka våra skyltar var morgon på vår grind och prata om väder och vind.« En annan bild av samma vardagsfenomen ger låtskrivaren Stefan Jämtbäck i en av sina sånger där han fångat följande dialog och reflektion:

Tjenare, läget, hörrödu är det bra?
Ja, det är huvud upp och fötterna ner.
Bilen den går bra och familjen – tack som frågar.
Fick nyss löneförhöjning, drygt en tusenlapp mer.
Fast egentligen så gråter jag bakom masken och är trött.
...[och] gör som alla brukar göra, biter ihop, vill
inte störa.
Låter konvenansen vinna och ser chanserna försvinna
till att dela lite öken med en annan själ idag.

Det är ord av självrannsakan. Visst missar vi ibland tillfällen
till att dela något viktigt med varandra, och sången slutar
också i en resignerad suck:

Men nu gör jag som man plägar,
trampar vana samtalsvägar,
låter käften muntert glappa
och ser möjligheten sjappa
till att dela liten öken med en annan själ idag
för du verkar va ' så mycket mera lyckad än jag.

Precis som klädedräkten bör språkdräkten tala sanning
om vad som finns under ytan. Vi behöver kunna lita på att
människor menar vad de säger, att de är närvarande i sina
ord. Det gäller i personliga samtal, i det offentliga livet –
och inte minst i kyrkan. Hur ska vi annars få uppleva en
ärlig gemenskap och möta varandra just som vi är? Till de
kristna i Efesos skrev aposteln Paulus:»Lägg därför bort
lögnen och tala sanning, var och en till sin nästa, vi är ju
varandras lemmar«(Ef 4:25). Han verkar övertygad om att
det är först när sanningen får råda som syskonskap och
sammanhang kan förverkligas, precis det som de stackars
psykiskt sjuka personerna i Bertil Malmbergs dikt gick
miste om genom att förlora sig i sina vanföreställningar

och därmed hamnade i en tragisk ensamhet utom räckhåll
för varandra och andra.

Ärlig gemenskap

En nödvändig förutsättning för ärlig gemenskap verkar alltså
vara att vi, var och en, bejakar sanningen om oss själva och
uppriktigt delar med varandra vad vi tänker och hur vi har
det. Vilken utmaning och vilken möjlighet detta är! Kanske
gäller också den omvända ordningen – att tillhörighet till en
ärlig gemenskap är en möjlighet för oss som enskilda indivi-
der att hitta hem till sanningen om oss själva.

Till social kompetens – också i en kristen församling –
hör dock att vi inte säger allt till varandra. Det kan vara både
klokt och nödvändigt att ha vissa hemligheter och gömställen
i sitt liv, och säkert kan det finnas sådant som man gör bäst
i att ta med sig i graven. Samtidigt är det viktigt att åtmins-
tone för sig själv kunna kännas vid hela sin verklighet. Många
människors erfarenhet är också att det är en stor lättnad och
befrielse att – åtminstone för någon eller några – få visa sig
som man är, med allt man har, är och varit. Det är här som
den enskilda själavården erbjuder en möjlighet att få lätta
sitt hjärta inför någon som har tystnadsplikt och som man
har förtroende för.

Fromma ord eller tomma

I de flesta kollektiv måste enskilda personer vara inställda på att solidarisera sig med gruppens ideologi och traditioner och gå i takt med de övriga, vilket också kan innebära att man förväntas hålla med om en del och tiga om annat. I vissa sammanhang är disciplinen hård och den som avviker från det politiskt korrekta riskerar uteslutning. I andra sammanhang råder stor frihet för individuella avvikelser, och uteslutningar förekommer inte annat än när någon uppenbart skadar gemenskapen. Inte minst i religiösa rörelser och sammanhang förväntas olika grad av solidaritet. Som enskild medlem kan man därför bli tillfrågad om hur man personligen ställer sig till vissa av kollektivets traditioner och ordningar. Är det av solidaritet med kollektivet man deltar och instämmer i gemensamma deklarationer, trosbekännelser och beslut som gemenskapen offentligt står för – eller därför att man också personligen tror på dem? Förr eller senare kan frågan ställas på sin spets om den enskildes ord är fromma eller tomma.

Öppna riter och personlig övertygelse

Vissa kollektiva riter är så öppna att ingen behöver tveka inför att delta. Så tänker jag mig att det är att sjunga med i »Ja, må du leva...« eller instämma i ett fyrfaldigt »leve« vid en födelsedagsuppvaktning, även om man inte känner födelsedagsbarnet personligen. Att i Allsång på Skansen stämma in i »Stockholm i mitt hjärta...« torde inte heller kräva någon större självprövning, eller att på en skolavslutning sjunga med i »Den blomstertid nu kommer...«. En del sådana traditioner går »av bara farten«. Kanske gäller det även hosiannasången i adventstid och »Härlig är jorden« vid begravningar. På något sätt ingår de som naturliga inslag i svenska traditioner. Ett annat exempel på detta var minnesgudstjänsten efter skolskjutningen i Örebro den 4 februari 2025, där både kungaparet, statsministern och partiledarna deltog. Tillsammans med en tyst minut och ljuständning fungerade där psalmen »Blott en dag« som samlande symboler. Men ibland finns det ändå gränser. För nykterister torde det knappast vara självklart att för sällskaps skull hänga med i skålandet och nubbevisorna vid det traditionella midsommarfirandet. Eller för dem som inte är troende att delta i kyrkans nattvardsfirande.

»Öppna riter« finns dock även i kyrkorna. Bara att vistas i ett kyrkorum kan vara en andlig upplevelse, liksom att tända ett ljus, en handling vars innebörd man bara själv känner. Men vissa texter är djupt personliga och borde ge anledning till eftertanke innan man stämmer in i orden. Ingen kontrollerar visserligen att munnens bekännelse stämmer överens med hjärtats tro, men det kan ändå vara en samvetsfråga för var och en av oss om vi är närvarande i de ord vi uttalar, till exempel i följande psalmbokstexter

- Jesus är min vän den bäste, vilkens rike aldrig är (Ps 43).
- Kom snart till mig, o Jesus kär, för dig mitt hjärta öppet är (Ps 107:5).
- Oändlig nåd mig Herren gav och än idag mig ger. Jag kommit hem, jag vilsen var, var blind men nu jag ser (Ps 231).
- Hjälp mig då att vila tryggt och stilla blott vid dina löften, Herre kär (249:3).
- Saliga visshet, Jesus är min. Himmelens glädje fyller mitt sinn (Ps 259:1).

– Bed för mig, Herre kär, se till mig ner. Modfälld och trött
jag är, orkar ej mer. Jag har blott synd och brist. Bönen sin
kraft har mist. Bed för mig, Jesus Kristus, bed för mig du
(267:1).

Syndabekännelse som skaver

För en del kan det vara själva ordalydelsen som känns främmande även i texter vars innehåll man i princip bejakar. Ett
exempel på detta kan vara den syndabekännelse som under
lång tid var ett stående inslag i Svenska kyrkans gudstjänst
och börjar med orden

Jag fattig, syndig människa,
som med synd född, i alla mina livsdagar
på mångfaldigt sätt har brutit emot dig....

Många nutida gudstjänstdeltagare, även vana gudstjänstbesökare, tror jag har svårt att ta dessa ord i sin mun. Vi kan
inte känna igen dem som våra egna, eftersom vi faktiskt inte
»är där«. Det innebär inte att vi inte skulle kännas vid både
vår synd och våra brister, men orden känns ändå omöjliga.
Numera används de heller inte särskilt ofta, trots att de är
direkt inspirerade av psaltarpsalmen 51.

Ett tillfälle när orden i en gudstjänst för min egen del
kändes falska var när församlingen uppmanades att unisont bekänna att »vår själviskhet, girighet, försummelse och
övergrepp har orsakat klimatkrisen, förlusten av biologisk
mångfald, mänskligt lidande såväl som lidandet för alla våra
medvarelser«. För mig kändes dessa formuleringar mer som
ett politiskt »statement« än som en personlig syndabekännelse. I detta »vi« kunde i varje fall jag inte känna mig delaktig. Jag var helt enkelt inte »där«. Nog för att jag är medveten

om att jag som människa »har del i världens bortvändhet från Gud och är skyldig till mer än jag själv förstår«, så som det heter i en annan syndabekännelse som jag gärna bejakar. Men i ord som »girighet« och »övergrepp« kunde jag personligen inte känna igen mig, och jag avstod därför från att uttala dem när de lades i min mun. Det skulle för mig ha varit tomma ord i en påtvingad bekännelse. Som väl var deltog inga barn och ungdomar i den gudstjänsten som förväntades instämma i dessa ord. En av mina egna andliga allergier råkar gälla syndabekännelser. Inte för att de inte behövs, inte heller för att jag skulle vara undantagen från det behovet, men för att de ofta är placerade alldeles i början i en gudstjänst – som om vår synd och skuld är det första vi behöver tala med Gud om när vi kommer till kyrkan. Så är det sällan för mig. Ofta kommer jag i stället till kyrkan glad och förväntansfull inför att få fira gudstjänst och tacksam för mycket gott som Gud ger mig i livet. Och jag undrar om det är synden som de flesta har behov av att tala med Gud om när vi möts till gudstjänst. Själv kommer jag ofta inte på något speciellt att bekänna som jag inte redan klarat upp med Gud. Ja, jag lever faktiskt i tron att vi som kristna är förlåtna syndare. Skulle det ändå vara något som på allvar tynger mig, så tror jag inte att det vare sig kan eller bör hanteras med några rituella rader i en unison syndabekännelse. Själv brukar jag ta fasta på tackbönen efter förlåtelseorden, och för min del kan den gärna få uttalas utan någon föregående syndabekännelse:

Gud vår Fader,
tack för att vägen till dig alltid är öppen genom Jesus Kristus.
Hjälp oss att leva i din förlåtelse,
stark vår tro, öka vårt hopp och uppliva vår kärlek.

Att de ord vi uttalar har täckning i vårt inre är viktigt, det har jag betonat nu ett antal gånger. Men ibland kanske vi hoppas att den äkta känslan ska växa fram genom att vi mekaniskt uttalar vissa ord, ungefär som *fake it till you make it,* med andra ord att vi i vårt hjärta skulle börja tro det vi upprepat med vår mun. För egen del misstänker jag att det kan fungera på helt motsatt sätt: att man vänjer sig vid att de fromma orden egentligen inte betyder något. Då kan »kyrkiska« bli ett språk som vi talar »på skoj« trots att det kan leda till både falskhet och hyckleri. Eller kanske underkänner vi helt enkelt språket som ett verkligt kommunikationsmedel och använder det främst som ett socialt kitt utan relation till sanning eller lögn. På det sättet kan kanske en tillfällig samhörighet uppstå, men knappast en ärlig och hållbar gemenskap.

Om fromma ord inte ska bli tomma ord tror jag att det behövs mer än tillfälliga unisona riter. Inte minst när det gäller synd och förlåtelse. Alla behöver vi ju påminnelser både om vårt ansvar och vår synd, men det bör ske i sammanhang där det finns tillfälle till samtal och eftertanke, och där var och en har möjlighet att hitta ord som stämmer med ens inre. Inte minst för barn och unga människor kan påtvingad – och för tidig – utantill-läsning av religiösa texter blockera en senare upptäckt av deras djupare betydelse. Särskilt allvarligt tror jag det är med »beordrad« syndabekännelse som kan få barn och unga att *känna sig* syndiga och »dåliga«, fastän de inte känner av någon synd i sitt inre. Den dåliga självkänsla de på detta sätt riskerar att utveckla är något helt annat än den verkliga »syndanöd« som kan – och behöver – växa fram i oss lite till mans genom själavårdande och god väckelseförkunnelse när vi är mogna för det, och kan få hjälp att hantera den i enskild själavård.

Olika andliga erfarenheter

Bland nyare psalmer finns också sådana som inte är bekännelser, vare sig av synd eller tro, utan är uttryck för sökande och längtan, till exempel följande ord av Tore Littmarck i Ps 219:

Jag skulle vilja våga tro att någon har mig kär.
Jag skulle vilja våga tro att Gud kan vara här.
Jag skulle vilja våga tro att kärlek är
Den makt som ändå världen bär.

Jag skulle vilja våga tro. Jag kan ju inte mer.
Som kornet väntar tid att gro, att livets under sker,
så väntar jag och längtar jag att jag ska få
den tro jag inte själv kan nå.

Men även dessa ord skulle nog av vissa människor kunna upplevas som tomma och som uttryck för falsk ödmjukhet, eftersom det de själva upplever framför allt är tacksamhet, glädje och visshet i tron. Jag har ibland själv tvekat att sjunga med i en del »tvivels-sånger« som om jag inte är riktigt ärlig och inte vågar stå för den kristna tro jag faktiskt har. Ibland ligger det närmare till för mig att instämma i »Saliga visshet, Jesus är min. Himmelens glädje fyller mitt sinn« (Ps 259), eller till och med följande gamla jubelsång, ofta sjungen av storsångaren Einar Ekberg.

Halleluja, o det jublar, inom mig jag är så säll.
»Jesus« sjunger det därinne
ifrån morgon och till kväll
Halleluja, han har frälst mig,
han har frigjort helt min själ
Halleluja, han är min och jag är hans och allt är väl.

O, vad salighet och lycka, jag är frälst av idel nåd.
Aldrig kan jag nog besjunga Herrens underbara råd.
Om än andra går och suckar så vill jag ej göra det.
Jag vill vara fri att prisa Gud i tid och evighet. (PoS 645)

I kyrkan finns människor med mycket olika andliga erfarenheter. Det är ett faktum vi måste acceptera att vi inte kan förändra. De flesta har upplevt olika livsepoker när tron har haft olika innehåll, karaktär och funktion. Och vår tro kan ha nått olika långt i andlig mognad och utveckling, Att göra rättvisa åt alla dessa olikheter är en utmaning för en församling. Men om så många som möjligt ska kunna uppleva både gemenskap och ärlighet i kyrkan är det nödvändigt att ta dessa olikheter på allvar och ge utrymme för dem i gudstjänstliv och annan kristen verksamhet.

Respekt för det som är heligt

När jag på 1960-talet vistades ett år som utbytesstudent i USA och gick sista året på Whetstone High School i Columbus, Ohio, ställdes jag ibland inför frågan vem jag egentligen var och vad jag *inte* var. Jag minns det som ett fantastiskt år. Jag trivdes bra, ja, jag var verkligen »där« och längtade nästan aldrig hem till Sverige. Tillsammans med mina amerikanska skolkamrater deltog jag, som ende utlänning på skolan, på ett naturligt sätt i skolans alla aktiviteter – med *ett* undantag. Det var vid skolans morgonsamlingar, när alla, vända mot den amerikanska flaggan och med höger hand mot hjärtat unisont instämde i trohetsförklaringen mot sitt land, »The Pledge of Allegiance«:

> I pledge allegiance to the Flag
> of the United States of America,
> and to the Republic for which it stands,
> one Nation under God,
> indivisible, with liberty and justice for all.[6]

Hur väl jag än kände mig hemma i USA – amerikansk medborgare var jag inte! Så jag varken ville eller kunde svära trohet mot den amerikanska flaggan, även om jag stod tillsammans med alla andra i respekt för denna ceremoni. Ofta blev jag starkt berörd av den stolthet över sitt land som så många amerikaner uttryckte på 1960-talet. Ändå var jag inte

---

6 »Jag svär trohet till Amerikas Förenta Staters flagga och till republiken som den står för, en odelbar nation under Gud, med frihet och rättvisa åt alla.«

fullt delaktig i detta sammanhang. Jag var där, men ändå inte. Trots att jag hade lärt mig den amerikanska nationalsången avstod jag från att sjunga med. Däremot spelade jag gärna, som orkestermedlem i skolans »marching band«, med i den mäktiga musiken i samband med skolans fotbollsmatcher, vid paraden på Columbus Day den 14 oktober och på nationaldagen den 4 juli, men någonstans gick en gräns för vad jag kände att jag kunde identifiera mig med, och den gränsen kom att gå mellan musik och text. Orden kändes förpliktigande på ett annat sätt än musiken.

Vad passar som allsång?

Dessa minnen aktualiserades när jag nyligen såg TV-sändningen från Allsång på Skansen där dansbandssångaren Christer Sjögren var en av gästartisterna. När han fick välja en allsång för den tusenhövdade publiken blev det »Pärleporten«. Jag blev överraskad. Först positivt. Tänk att denna »läsarsång« fick en sådan uppmärksamhet i detta populära sammanhang. Sedan blev jag alltmera tveksam. Nog för att detta är en härlig sång, men passade den verkligen in i detta sammanhang?

Jag tänkte på tillfällen när jag hört människor med gripenhet vittna om sin tro, inte minst vänner som kommit till tro efter starka – ibland dyrköpta – omvändelseupplevelser, och när vi tillsammans sjungit

Under över alla under! Allt förlät han mig en gång.
Om hans underbara godhet glad jag sjunger nu min sång.

När en gång i livets morgon till den gyllne port jag når,
då för Jesus stora kärlek ock för mig den öppen står.

Han har öppnat pärleporten så att jag kan komma in.
Genom blodet har han frälst mig och bevarat mig
som sin. (Ps 235)

Även för mig är detta heliga och laddade ord. Vad är väl denna
text om inte en stark personlig kristen trosbekännelse, och
dessutom ett uttryck för en djup andlig gemenskap troende
människor emellan? Med respekt för de många olikheter som
kan finnas i en Skansenpublik motsvarar den ändå knappast
en sådan beskrivning. Att lägga denna bekännelse i munnen
på en tusenhövdad allsångspublik på Skansen känns därför
märkligt, faktiskt som bristande respekt både för sångtexten,
för många av de människor som stod i publiken och för alla
för vilka detta är en helig bekännelse. Nog är det väl ändå
skillnad mellan att använda »Stockholm i mitt hjärta...« som
allsång på Skansen och att göra det med bekännelsen »under
över alla under, allt förlät han mig en gång«.

Att göra om ett kristet vittnesbörd till en häftig allsångs-
låt och att låta orden helt underordnas musiken är, enligt
min mening, både ett uttryck för dålig smak och ett direkt
missbruk, nästan som ett brott mot andra budet – att inte
missbruka Guds namn. Om det nu är så att sångtexten för
Christer Sjögrens personliga del är ett ärligt uttryck för hans
tro, tycker jag det är förvånande att han lät den förvanskas
till en profan slagdänga för en allsångspublik som helt en-
kelt inte »var där« – i det sammanhang där den sången hör
hemma. Jag själv, som faktiskt delar denna bekännelse, skulle
haft oerhört svårt att stämma in i sången i ett sammanhang
där jag upplevde att den var helt malplacerad.

Jag funderar på hur gamla inbitna socialdemokrater skulle
reagera om publiken på Skansen uppmanades att unisont
sjunga: »Upp till kamp emot kvalen! Sista striden det är«,
det vill säga den internationella arbetarrörelsens kampsång
som hör hemma i politiska möten där partikamrater – ofta

arm i arm – ger unisont uttryck åt sin gemensamma ideologiska identitet och sina politiska visioner. Skulle det inte uppfattas som respektlöst att göra om den från en politisk bekännelse till en allsångslåt? Måste inte *orden* stå för något? I den svenska socialdemokratin lär man faktiskt avstå från att sjunga vissa verser i det franska originalet av *internationalen* just på grund av dess antireligiösa och revolutionära ord och uttryck, som man *inte* vill stå för.

Lika viktigt som det är att ta sina egna ord och den egna övertygelsen på allvar och att bli respekterad för den man är, lika viktigt är det att respektera andra för det de håller för heligt. Det innebär för den skull inte att vi instämmer i vad andra tror, däremot att vi kan skilja mellan vad vi själva tycker och tänker och vad vi faktiskt *inte* tror och tänker. Talesättet »att ta seden dit man kommer« gäller knappast i ideologiska sammanhang.

Att finna exempel på tillfällen när vi behöver skilja mellan respekt och delaktighet är inte svårt. För de flesta av oss torde det falla sig naturligt att ta av sig skorna vid besök i islamska moskéer, att sätta på sig en huvudbonad i judiska synagogor och att inte gå med badshorts i katolska katedraler. Ofta handlar det nog mer om att visa respekt för dem som håller dessa ting och platser för heliga, än om att visa delaktighet med deras tro. Men gränsen kan vara flytande och det gäller att vara känslig för vad som är »på riktigt« och »på låtsas« både för sig själv och andra.

Att tända ett ljus vid en Mariabild i en katolsk kyrka är för mig både rätt och naturligt, men lika självklart är det inte att doppa fingrarna i vigvattenskålen och göra korstecken. Trots att dopets vatten och nattvardens bröd och vin i princip är detsamma i alla kristna kyrkor deltar jag inte heller i nattvardsfirandet i den katolska mässan, såvida jag inte i ett ekumeniskt sammanhang inbjuds att göra det. På vissa håll är det ju inte någon självklarhet att icke-katoliker tar del av de katolska sakramenten, och av respekt för deras uppfattning avstår jag. Jag är ju inte katolik.

Klädd eller utklädd

Ett annat exempel på denna problematik kommer från den bygdekultur jag lärde känna under några år på 1960-talet när mina föräldrar bodde i Leksand. Där var det självklart att alla var välkomna att delta i det stora midsommarfirandet i »Gropen«. Mängder av utsocknes turister kom också resande dit. Men lika självklart var det inte för bygdens folk om turisterna kom klädda i leksandsdräkt. Om »stockholmare« och andra utsocknes besökare gjorde det – för att de tycker den är snygg – skulle de snarare betraktas som »utklädda« och borde veta bättre. Vissa symboler är helt enkelt förbehållna dem som verkligen hör hemma i de sammanhang som symbolerna betecknar.

Att barn leker och fanatiserar och klär ut sig är en sak. Om de går omkring i polisuniform eller »biskopsmössa«, eller har ett låtsas-stetoskop hängande runt halsen och leker doktor är det oförargligt. Om däremot en vuxen person uppträder i falsk förklädnad är det något helt annat, och det kan vara både bedrägligt och straffbart. Både när det gäller klädedräkt och språkdräkt är det viktigt att respektera som ett faktum när »där är där man *inte* är«. För mig personligen innebär det till exempel att jag undviker att härma en dialekt som inte är min egen, och som regel har jag tackat nej till att använda de liturgiska kläder jag har erbjudits att låna när jag medverkat i gudstjänster i Svenska kyrkan. I alba och stola skulle jag som baptistpastor känna mig utklädd.

Ännu ett personligt exempel från Dalarna kommer från mina sista år i gymnasiet i Borlänge då det regelbundet hölls morgonsamlingar med både psalmsång och bön. Å mina »världsliga« klasskamraters vägnar kändes det för mig genant och obekvämt att de förväntades sjunga med i psalmerna, och i den kristna skolgruppen engagerade vi oss aktivt för att dessa morgonböner skulle upphöra. När detta så småningom också skedde välkomnade vi det. I stället ordnade vi rastandakter och programkvällar för dem som var intresserade. Då kom förstås inte alls lika många som på skolans morgonsamlingar, men vi tyckte att ord måste få betyda något och »bättre en fågel i handen än tio i skogen«. För den skull ägnade vi oss inte åt någon bedömning av vilka skolkamrater som var troende eller inte. Gränsen mellan tro och otro är ofta flytande, och framför allt ska den inte bedömas av någon annan. En viktig sanning om tron är den som är formulerad av Emil Liedgren i följande rader ur psalm 216: »Mästare, alla söka dig, uppenbart eller förteget« och »Herre, du hör vad hjärtat ber, även när läpparna häda.«

Alla utmanas vi dock ibland till att ärligt redovisa var vi står, också i trosfrågor, så att vi inte för sällskaps skull låtsas vara något vi inte är. Det gäller i både religiösa och politiska sammanhang, och både för troende och icke-troende. Den lyckliga kombinationen av gemenskap och ärlighet inträffar dock ibland. Jag har själv varit med om det i samlingar dit alla frivilligt sökt sig och helhjärtat kan instämma i både sånger och böner – och där många dessutom känner varandra som vänner. Vid sådana benådade tillfällen har jag kunnat ana vad kristen gemenskap kan vara när den är som bäst.

Ärlighet och rollspel

Som en röd tråd genom den här boken går orden »som den jag är«, från bönen »Möt mig nu som den jag är«. Ordet »är« är viktigt i sammanhanget. Det säger något om liv och identitet mer än om verksamhet och kompetens. Bokens undertitel – om gemenskap och ärlighet i kyrkan – handlar om samma sak och ställer frågan vad som är en kristen församlings grundläggande identitet. Är det en arbetsgemenskap där man blir bemött för vad man gör, eller en livsgemenskap där man blir bemött just som man är?

Att kompetens och duglighet prioriteras i olika »verksamheter« är självklart, annars blir inte mycket uträttat – »mycket snack men lite verkstad«. Men i det här kapitlet ställer jag frågan vilka konsekvenser det kan få för en kristen gemenskap om kompetens och mätbara insatser prioriteras framför tro och tillhörighet, sådant som inte är lika mätbart. En viktig fråga för en församlings identitet är ju om den främst uppfattas som ett arbetslag där man »jobbar ihop« som arbetskamrater, eller om man möts som bröder och systrar i en släktgemenskap. En annan fråga är förstås hur samspelet kan se ut mellan dessa olika perspektiv, som naturligtvis båda är ofrånkomliga i en församling. Till hjälp i mina reflektioner tar jag några exempel både från kyrkans värld och från ett par andra områden där frågor om kompetens och identitet, om sanning och lögn och om äkthet och rollspel är ofrånkomliga: teatern, idrotten och musiken.

Teatern

»Sluta spela teater!«Den tillsägelsen kan vid ett polisförhör riktas till en person som genom en påhittad historia försöker slingra sig undan sanningen om sin egen inblandning i ett brott. Kanske kommer uppmaningen som en förhörsledares irriterade reaktion på den misstänktes uppenbara lögner, ett alternativ till det mer ironiska »Du, ta den där om Rödluvan också...«. Det är med andra ord en skarp tillsägelse att tala sanning och säga som det är. Men helt malplacerat skulle det vara att rikta samma uppmaning till skådespelare som i sitt yrke har att gestalta olika roller på en teaterscen, där frågan inte är relevant om de personligen instämmer i sina repliker eller ej. Skådespelare förväntas inte vara »äkta« på det sättet. De repliker de har att förmedla i sin rollgestaltning är en textförfattares manus och en regissörs anvisningar – inte sina egna personliga övertygelser.

Ett exempel på problematiken med äkthet och rollspel var den svenska teaterpjäsen »7:3« som skrevs av författaren Lars Norén och sattes upp våren 1999 av Riksteatern. Den blev känd och omdebatterad bland annat för att grovt kriminella personer med öppet nazistiska åsikter medverkade, och på scenen fick de framföra repliker som överensstämde med deras egna personliga åsikter. Avsikten med att låta dessa intagna brottslingar agera skådespelare var naturligtvis att förstärka autenticiteten i pjäsen genom att replikerna inte bara var rollprestationer utan äkta personliga vittnesbörd. Att pjäsen blev så känd och omdebatterad berodde inte minst på att en av »skådespelarna«, Tony Olsson, som hade permission från fängelset för att delta i repetitionerna, avvek från permissionen och deltog i ett bankrån i Kisa, efter vilket två poliser sköts till döds. På ett kusligt sätt kom pjäsen att balansera mellan teaterföreställning och brutal verklighet.

Leksands IF

Ett exempel på en förändrad praxis minns jag från Leksand, dit jag flyttade med mina föräldrar i början på 60-talet. Det allsvenska hockeylaget, Leksands IF, var bygdens stolthet och särskilt stolt var man över att laget till största delen bestod av grabbar från bygden, riktiga »masar« som talade leksandsmål och även kunde ses klädda i leksandsdräkt med knätofsar vid midsommarfirandet. När laget emellertid såg sig tvunget att importera amerikanska hockeyproffs för att kunna hålla standarden i den allsvenska konkurrensen förändrades situationen. Allt fler hockeyspelare i Leksands IF kunde inte längre tala svenska, än mindre leksandsmål, och de behövde inte låtsas kunna det heller. Kompetensen att göra mål i en hockeymatch var mer värd än en bygde-identitet och äkta dalmål.

S:t Lukas

Många år senare var jag med om en liknande förändringsprocess i S:t Lukasstiftelsen, en organisation med traditionellt kyrklig anknytning som sedan många år bedriver psykoterapi, själavård och psykisk rådgivning på ett trettiotal mottagningar i landet. Organisationen hade grundats i slutet av 1930-talet med övertygelsen om »de andliga krafternas betydelse för kroppens och själens hälsa«. De fyra personer som tillsammans grundade rörelsen hade vid sidan om sina professionella identiteter som kirurg, psykiater, socialarbetare och pastor också en andlig och kyrklig identitet och profil. Så såg kulturen ut i S:t Lukasstiftelsen under många år. De flesta som satt i olika styrelser, medarbetare och terapeuter hade någon sorts kyrklig anknytning och organisationen uppfattades ha en kristen identitet, dock utan att vara

125

knuten till något visst samfund. Man frågade alltså inte »*var* folk hängde hatten på söndagarna«, men det togs för givet att de flesta i S:t Lukas »hängde hatten« någonstans där det firades gudstjänst.

Under 1980-talet inträffade en liknande förändringsprocess som i Leksands IF. Då bli det nämligen ett krav för en organisation som skulle bedriva psykoterapi att terapeuterna hade Socialstyrelsens »steg-två-legitimation«. Eftersom inte tillräckligt många av S:t Lukas egna medarbetare hade detta, blev man alltså nödsakad att vid tillsättningen av nya terapeuttjänster prioritera personer som »hade leg« oavsett om de hörde hemma i »den kyrkliga bygden« eller ej. På samma sätt som i Leksands IF kom allt fler »utlandsproffs« att bli viktiga »spelare« i S:t Lukas arbetslag – kompetenta och legitimerade terapeuter men utan förankring i rörelsens andliga tradition. Liksom man i Leksand inte längre kunde höra så många av hockeyspelarna tala dalmål, kunde man inte längre på S:t Lukas mottagningar möta så många »kristna själavårdare«.

Någon falskhet var det inte fråga om, i varje fall inte för de terapeuter som ärligt kunde stå för att de inte hade någon kyrklig anknytning. De var ju anställda för sin kompetens, inte för sin konfession. Möjligen fanns en frestelse för själva organisationen att försöka upprätthålla sin tidigare identitet och låtsas att ingen förändring hade ägt rum. Men en ny profil utvecklades i rörelsen, som i mitten på 80-talet också bytte namn till *Förbundet S:t Lukas*. För de allra flesta avnämare, konfidenter och organisationer som anlitade S:t Lukas för handledning, blev det i praktiken ingen förändring. S:t Lukas goda renommé förblev intakt. Ryktet spreds möjligen i vissa kyrkliga kretsar att man inte längre på S:t Lukas kunde möta »tvåspråkiga« medarbetare – personer med dubbel identitet som både teologer och terapeuter. I ärlighetens namn presenterar sig S:t Lukas inte längre på sin hemsida som en kristen eller kyrklig organisation. Och det var länge sedan som ordet *själavård* togs bort från mottagningarnas skyltar. Nu är det bara ett litet »S:t« i firmanamnet och logotypen som röjer organisationens rötter.

Frälsningsarmén

Äkthet har alltid stått högt i kurs i kristna sammanhang, åtminstone i teorin. Det har gällt att vara ärlig om vem man är och vad man tror. Vill man bli bemött som den man är förutsätter det också att man visar sig som den man är. Visst har retoriskt skickliga talare väckt beundran och samlat stora lyssnarskaror i den svenska frikyrkokulturen, men för enskilda människors tro har antagligen enkla personliga vittnesbörd haft större och varaktigare betydelse. Detta ideal tog sig uttryck i en princip som länge var praxis i Frälsningsarmén, nämligen att vägen upp på »plattformen« gick via botbänken. Man var angelägen om att de personer som var med i blåsorkestern eller strängmusiken också var bekännande kristna och att de, innan de framträdde på estraden, först hade böjt knä vid botbänken och »lämnat sig åt Gud«. Tanken var att ingen skulle delta i *framförandet av* sång och musik som inte också kunde avlägga ett personligt vittnesbörd om sin tro. Liknande principer var vanliga i många svenska frikyrkoförsamlingar även om det där inte fanns någon konkret botbänk.

På senare år har sådana principer inte följts lika konsekvent, inte heller i Frälsningsarmén. Allt oftare har den musikaliska kompetensen prioriterats framför den personliga tron, särskilt för instrumentalister men även för körsångare. En god sångröst har nog ofta blivit viktigare för inträdesbiljetten till körer och sånggrupper än en kristen bekännelse. Men i de flesta frikyrkoförsamlingar tror jag ändå att man har tvekat att anställa, eller ens anlita, skickliga – men inte

127

troende – musiker och körledare. Undantag finns, men någon självklarhet har det hittills inte varit.

Gudstjänstmusik i konsertsalonger

På den klassiska kyrkomusikens område har en tydlig förändring ägt rum, i och med att musik som ursprungligen hörde hemma i kyrkor och gudstjänster nu allt oftare framförs i konsertsalonger. *Matteuspassionen* av Bach och Händels *Messias* samlar stora lyssnarskaror inte bara i advents- och fastetid utan hela året. I båda dessa fall är det ju kyrkliga verk med starkt religiösa texter som framförs – för att inte tala om alla »mässor« vars olika delar är hämtade ur den kristna nattvardsgudstjänsten. Tillbedjan och trosbekännelser står nu »på programmet« även i profana sammanhang, och de medverkande sångarna och musikerna torde knappast ha behövt passera någon »botbänk«. Något jag själv ibland undrat är hur det kan kännas för profana korister och musiker att framföra uttalat religiösa budskap utan att ha någon egen personlig relation till texternas innehåll. Till exempel i följande Bach-koral:

> Jesus all min glädje bliver,
> är min tröst och ljuva saft.
> Jesus sorgen från mig driver,
> är mitt livsmod och min kraft,
> hjärtats ljus på levnadsstigen,
> själens lust evinnerligen.
> Därför släpper inte jag
> honom ens en enda dag.

På liknande sätt tänker jag mig att det kan vara med härliga rytmiska gospelsånger som lockar många att både sjunga och svänga med. Självklart finns det i alla möjliga sammanhang vissa sångare och musiker för vilka de religiösa texterna stämmer med egna personliga erfarenheter. Men lika säkert torde det vara att andra förhåller sig till de religiösa texterna ungefär som skådespelarna på teatern förhåller sig till sina repliker. Det gäller att framföra texter som andra skrivit, inte sällan på främmande språk. Eventuella frågor om tro och tvivel torde i dessa sammanhang vara underordnade det musikaliska framförandet. Och på liknande sätt är det förmodligen för de flesta i publiken – att det andäktiga eller entusiastiska lyssnandet räcker för att de ska få den önskade upplevelsen. Och varför moralisera över detta? Människors andlighet kan ta sig ju många andra uttryck än i ord och texter.

Inte desto mindre kvarstår frågan, åtminstone för mig, vad följden blir om trosbekännelser *framförs* gång på gång utan personlig tro på textens egentliga budskap. Finns inte risken att allt fler vänjer sig vid att de *fromma* orden egentligen är *tomma* ord? Bara det faktum att de inte är del i en gudstjänst utan ingår i konsertprogram för betalande publik skulle kunna ses som bristande respekt för de religiösa sammanhang där denna musik ursprungligen hörde hemma.

Pastorsrollen

Hur är det då för präster och pastorer? Det kan man fråga sig mot bakgrund av de ovan relaterade exemplen. Deras »jobb« är ju att predika och leda gudstjänst! Och även om de inte förväntas att vara »duktiga«, bör de ju åtminstone vara dugliga i sina uppgifter. Samtidigt har en äkthetsprincip alltid varit självklar i kyrkor och samfund. De som lever med dessa pastorala uppdrag förväntas helt naturligt ha en personlig kristen tro och en kallelse från Gud. Deras kompetens har prövats i utbildning och antagningsprocesser, och inför en gudstjänst-firande församling har de offentligt fått bekräfta sin tro och kallelse. En församling har rätt att förvänta sig att orden de uttalar inför altaret eller i predikstolen ska överensstämma med deras personliga tro och erfarenhet. Uppdraget består inte att de – som skådespelare – ska framföra givna repliker, inte ens bibeltexter, utan att *utifrån* bibliska texter och egen andlig erfarenhet förmedla ett personligt budskap till sina lyssnare. Ändå finns det uppenbara likheter mellan en predikan och en rollprestation. Inte sällan handlar det också i kyrkan om *framförande* av andras texter, särskilt i gudstjänsttraditioner med många liturgiska moment. I rollen som gudstjänstledare och »liturg« – det kan räcka med uppgiften att leda församlingen i Herrens bön – finns alltid risk för mekaniskt och tanklöst »rabblande«. I gudstjänsten är man som en Herrens tjänare hela tiden medveten om att man har en »publik«, samtidigt som man står inför Guds ansikte. Med tanke på de varningar som Jesus riktade till sin tids fariséer kan det finnas anledning till självrannsakan, om man som präst eller pastor kommer på sig själv med att inte be till Gud annat än i en mikrofon, och att man oftare står och ber »i gathörnen« än talar med Gud i »den egna kammaren«.

Tro och kompetens

Martin Luther lär ha uttryckt den kristna kallelsen med de tänkvärda orden: »Kristna skomakare gör inte skor med kors på – de gör bra skor!« Men även skomakare som inte är kristna kan naturligtvis göra »bra skor«. Skornas kvalitet har inget direkt samband med skomakarens tro. Tro och kompetens är på så sätt två helt enkelt olika saker, och i ett sekulariserat samhälle är det helt naturligt att professionell kompetens prioriteras framför personlig tro.

Ett alltför ensidigt fokus på kompetens kan dock medverka till att frågan om människors tro kommer i skymundan och blir en privatsak. Ja, en persons kristna tro och identitet kan till och med framhållas som ett hinder för en viss offentlig tjänst. Så ifrågasattes det till exempel för några år sedan om en person med medlemskap i en pingstförsamling skulle kunna utses till universitetsrektor – som om en personlig tro inte skulle kunna kombineras med vetenskaplig kompetens och professionellt ledarskap. I kyrkans värld borde en sådan kombination kunna vara helt naturlig. I allt kyrkligt ledarskap är det väl just personer som i sig förenar tro och kompetens som behövs. Frågan är väl snarare vilken av dessa egenskaper som i praktiken väger tyngst vid tjänstetillsättningar.

För inte så väldigt länge sedan var medlemskap i Svenska kyrkan ett villkor för att få undervisa i kristendomskunskap i den allmänna skolan. Nu, när det konfessionella kristendomsämnet ersatts av saklig religionsundervisning, gäller naturligtvis inte detta. Men en samstämmighet mellan yrkesutövning och privatliv kan nog förväntas även på vissa områden i samhället. Till exempel är det antagligen inte så sannolikt att en aktiv socialdemokrat anställs som kanslist på Moderaternas partikansli. Och frågan är väl vad som sägs om en Volvo-försäljare som kör Citroën eller Toyota. Eller om en Djurgården-supporter går omkring i en gulsvart AIK-halsduk. På olika områden kan frågorna vara aktuella om identitet och tillhörighet i relation till kompetens.

Så hur är det då på traditionellt »kristna« arbetsplatser när det gäller samspelet mellan kompetens och tro? Ja, enligt den nuvarande ordningen är det i Svenska kyrkan bara för vissa »profilyrken« – präst, diakon och församlingspedagog – som tro och medlemskap i kyrkan är ett villkor. För att arbeta som musiker, som kyrkogårdsarbetare eller kanslipersonal finns inte något sådant krav. På en del frikyrkliga arbetsplatser är det säkert på liknande sätt. Om en person inte i sin person förenar yrkeskompetens och personlig tro prioriteras nog kompetensen, åtminstone för »icke-religiösa« arbetsuppgifter, som ekonomi, administration och fastighetsskötsel. För att anknyta till Luthers resonemang tänker man väl att det är viktigare att »skorna« blir bra än vem som har gjort dem.

Är kejsaren naken?

En rad exempel i det här kapitlet belyser frågor om äkthet och ärlighet – och om hur identitet samspelar med kompetens i en människas liv. Men också om de olika roller vi kan ha i livet. I sammanhang där vi har som uppgift att representera något annat än oss själva kan vi ibland – i våra yrkesroller – behöva framföra sådant som vi inte personligen står för. Vi måste helt enkelt sköta våra arbetsuppgifter oavsett om vi alltid har lust att göra det eller inte. Så ser ju livet ut.

Ett intressant sätt att lösa dilemmat om man har en privat åsikt som man inte kan ge uttryck för i sin yrkesroll har pastor Viveka kommit på. Hon är huvudpersonen i boken *Pastor Viveka och tanterna* av författaren Annette Haaland. Pastor Viveka är i sin yrkesroll ofta klädd i sin »frimärksskjorta«, men under denna pastorala mundering bär hon t-shirtar med olika texter, till exempel »Det var ett himla tjat!« eller »Tror du att du är den enda människa som har det svårt?« I sin yrkesroll som själavårdare bemöter hon naturligtvis sina konfidenter med både respekt och medkänsla, men inför sig själv känns hon också vid de privata känslor hon kan ha inför en konfident.

På liknande sätt är det naturligtvis för lärare, sjukvårdspersonal, begravningsentreprenörer och många andra som kan ge uttryck för privata känslor och åsikter när deras elever, patienter, kunder och begravningsgäster är utom hörhåll. Det tillhör ju social kompetens att veta när man kan säga sitt hjärtas mening och när det är mindre lämpligt. Men på vissa områden är det dock helt nödvändigt med äkthet, ärlighet och överensstämmelse mellan vad vi tänker och tror, vad vi säger och hur vi handlar. Den som någon gång blivit lurad och bedragen vet något om detta. Ett varningens ord läste jag i min systers poesibok för många år sedan. Någon hade skrivit följande vers:

Mitt i boken vill jag pränta att du är en duktig jänta.
Men tro ej alla som för dig buga.
En vacker gosse kan också ljuga.

Den varningen är tyvärr fortfarande befogad, inte minst med tanke på den ökade risken för nätbedrägerier. Ärlighet är som bekant inte alltid någon självklarhet i vårt samhälle, tyvärr inte heller i kyrkan. För de flesta av oss händer det ibland att munnens bekännelse inte stämmer överens med hjärtats tro. Men vad gör det med vår trovärdighet om vi *alltför ofta* vänder kappan efter vinden och inte ens respekterar oss själva när våra upplevelser eller åsikter avviker från mängdens? Ibland kan det ju faktiskt handla om skillnaden mellan sanning och lögn, fakta och fake news. Ska vi av solidaritet och »för sällskaps skull« instämma i alla »allsånger«? Frågan om kejsaren är naken eller ej borde väl vara en viktigare för oss än att bli accepterade i en åsiktsgemenskap – för att anknyta till H C Andersens berättelse om pojken som tog risken att bli ensam om sin uppfattning, när han vågade stå för vad han faktiskt såg. Genom sitt mod fick han ju även alla andra att se sanningen.

Så viktigt det är att värna om mötesplatser där vi kan få uppleva den dyrbara kombinationen av gemenskap, ärlighet och sanning! Ett led i detta värnande tror jag är att vi – särskilt i en kristen gemenskap – respekterar varandra som vi *är*, utifrån vår tillhörighet till varandra, mer än utifrån vad vi *gör* och hur aktiva vi är i verksamheten.

Samtalsrummet
– plats för de egna orden

I mitt yrkesliv som pastor och själavårdare har jag som en »ordets tjänare« haft två speciella arenor: samtalsrummet och predikstolen. Det som kännetecknar båda dessa platser är de egna orden: predikantens egna ord till en församling och konfidentens ord till en själavårdare eller terapeut. Det är ju inte som på en teaterscen där de ord som uttalas utgörs av i förväg instuderade och repeterade repliker som kan upprepas i föreställning efter föreställning. Det som händer i predikstol och samtalsrum är tvärtom unika möten »i direktsändning«, vars innehåll inte är känt i förväg. Om det som sägs där inte är ärliga jag-budskap är tiden bortkastad. Ja, det är nog detta stundens allvar som har medverkat till att jag känt det så meningsfullt att få stå i dessa utmanande och stimulerande uppgifter.

I samtalsrummet kan många olika verksamheter äga rum: hjälp i akuta kriser, psykoterapeutisk behandling av trauman, råd och stöd i relationssvårigheter, andlig vägledning och handledning av olika slag. Allt detta kan i vid mening betraktas som olika former själavård, och oavsett yrkestitel tycker jag att alla som arbetar med samtal kan kallas för själavårdare. I varje fall använder jag orden i denna vida mening i den här boken. Gemensamt för dessa verksamheter är att de består av samtal och bygger på människors ord. Men det viktigaste redskapet är ändå det personliga mötet, samtalet – och även tystnaden – mellan konfident och själavårdare. Psykoterapeutiska teorier och själavårdsmetoder kan variera, men avgörande för samtalsprocessens resultat är den personliga relationen och »klimatet« i samtalsrummet.

Mellan predikstolen och samtalsrummet finns både likheter och skillnader. En tydlig skillnad är förberedelsen. Inför uppdraget i predikstolen behöver man ju som predikant ha med sig egna ord att förmedla till en församling, medan lyssnarna förhoppningsvis kommer med en öppen förväntan på vad predikanten har att säga. Inför möten i samtalsrummet är det tvärtom. Där består förberedelsen för själavårdarens del i att lägga undan sitt eget och ställa in sig på att »vara gäst« hos en annan människa. Den kanske viktigaste uppgiften är att lyssna till vad konfidenterna har på hjärtat, men ibland behöver man också hjälpa dem att finna egna ord för sin livssituation. För den hjälpsökande konfidenten består förberedelsen i att tänka igenom vad som är viktigast att berätta, hur man ska uttrycka sig och var man ska börja. Den outtalade förhoppningen är nog ofta densamma som i bönen från Iona: »Möt mig nu som den jag är.«

Inte sällan har jag mött personer i samtalsrummet som varit osäkra på var de ska börja och vad som är viktigast att prata om. Jag har brukat svara något i stil med att de kan börja var som helst. »Säg vad du vill, bara det är sant!« Det är ofta en bra regel. Den som talar sanning kommer förr eller senare att hitta både början och kärnan i sin berättelse och få svar på vad som är viktigast att ta itu med. Under samtalsprocessens gång har en del konfidenter också upptäckt att det var andra behov än de själva först trodde som de framför allt behövde få hjälp med.

Själavård – att lära sig tala rent

Ibland har jag upplevt processen i samtalsrummet som en språkövning. Någon sorts kris är ju oftast orsaken till att människor söker sig till själavård och terapi, och att hamna i en kris kan liknas vid att komma till ett främmande land, där man känner sig allmänt vilsen och inte behärskar språket. I detta främmande land kan kanske »skolengelskan« – bildligt talat – räcka till det nödvändigaste, men för att kunna uttrycka djupare tankar och känslor krävs större språkkunskaper än så. Vi måste helt enkelt lära oss ett nytt språk, och därför behöver vi tillsammans med en språkkunnig person träna på att uttrycka vad vi har på hjärtat, gärna utan att obehöriga personer tjuvlyssnar på de trevande försöken.

Situationen kan påminna om barndomens trevande försök att göra sig förstådd, och processen i samtalsrummet kan likna alla barns stora utmaning: att lära sig »tala rent«, det vill säga att med ord kunna kommunicera med sin omgivning. Även om det också finns andra sätt att uttrycka sig, till exempel via gester och genom att härma andra, blir det med åren allt viktigare att vi kan »sätta ord« på våra egna känslor och tankar för att vi ska kunna förstå och bemöta varandra »just som vi är«.

»Vad du ej klart kan säga vet du ej« skrev Esaias Tegnér för två hundra år sedan. De orden brukade min latinlärare i gymnasiet citera när vi inte kunde ge exakta svar på hans frågor. Och så tillade han – med Tegnérs ord: »Med tanken ordet föds på mannens läppar: det dunkelt sagda är det dunkelt tänkta.« Ja, så är det nog, och kanske gäller det i ännu högre grad våra känslor, som vi behöver kunna sätta ord på för att kunna hantera och bearbeta. En sådan »språkkunskap« tror jag är nödvändig för att vi ska kunna finna vår plats i olika sociala sammanhang – även i kyrkan. Den är kanske till och med nyckeln till den ärliga gemenskap vi längtar efter.

Själavård som förberedelse för skarpt läge

Denna språkträning har jag erfarenhet av från några egna livskriser när jag själv gått i själavård och terapi, och som själavårdare kan jag känna igen mig i bilden av en språklärare.

137

Och liksom en språkkurs inte är ett självändamål – målet är ju att kunna göra sig förstådd i ett annat land – är inte tanken att terapi eller enskild själavård ska bli permanenta inslag i livet. De är snarare förberedelser inför den ofta komplicerade verklighet som väntar utanför samtalsrummet. Inför mötena där kan man behöva hjälp att tänka igenom sin situation, att träna sig på att sätta ord på sina känslor och på att uttrycka sig så att folk förstår, allt i förhoppningen att en besvärlig livssituation ska kunna få en lösning. Att hitta sin plats i ett visst socialt sammanhang kan vara en sådan utmaning – en familj, en arbetsplats, en skolklass eller en församling, där man har svårt att passa in eller känner sig osedd som den man är. Beror svårigheterna på hur de andra uppträder, eller är det mig själv det är fel på? Varför känner jag mig så ensam mitt ibland alla människor? Varför är det så svårt att hitta någon som förstår mig? Sådana frågor kan vi alla ibland behöva hjälp att komma till rätta med.

Något som jag ganska ofta varit med om är att människor ber om samtal på grund av att de kommit i kläm mellan sina egna behov och de normer och förväntningar som finns i de flesta kollektiva sammanhang, inte minst i en kristen församling. Mycket kan »skava« både här och där i spänningen mellan individer och kollektiv. Gamla församlingsmedlemmar kan känna sig främmande och hemlösa i vissa förändringar och inte respekterade »som de är«. Unga människor kan på liknande sätt känna det obekvämt med gamla traditioner och med ett språk som de inte förstår. Att leva tillsammans är inte alltid lätt. Alla gudstjänster är ju som regel fulla av *andras* ord i form av sångtexter, bekännelser, böner, predikan och symboler – och av alla möjliga människor som man förväntas agera tillsammans med. Och vid det efterföljande kyrkkaffet gäller det att hitta några som det känns bekvämt att sitta tillsammans med. Kombinationen av gemenskap och ärlighet är inte alltid så lätt att hitta.

Ett tomt och skyddat rum

I samtalsrummet finns inget av detta. Det är ett »tomt« rum, som kan fyllas av konfidentens ord och en själavårdares lyssnande och respons. Där är man fri att »provtänka« och »provprata« utan att behöva passa in i ett kollektivt mönster. Man är ensam – och ändå inte. I mötet mellan fyra ögon finns också en annan människa, en utomstående person som har tystnadsplikt och som kan lyssna och ge både stöd och motstånd, när man försöker hitta sina egna ord och komma till nya, egna insikter. Något som för många känns skönt är att själavårdaren inte ingår i deras övriga liv, och att det de säger inte – som i många andra relationer – får direkta konsekvenser i själavårdarens egen privata tillvaro.

I boken *Att söka en helhet* har den katolske själavårdaren Henri J M Nouwen formulerat några principer för hur ett samtalsrum ska kunna svara mot människors behov när de söker hjälp. Han beskriver det »tomma« rummet som ett »gästrum« där en människa kan känna frihet utan att vara ensam, dit hon får komma och kan upptäcka sig själv, ett rum med en gästfrihet »som inte är till för att ändra på människor utan för att erbjuda en rymd där förändringar kan äga rum«. Ett annat uttryck med ungefär samma innebörd är »skyddsrum« eller »ett skyddat rum«, vilket också är titeln på en skrift om tystnadsplikt från Svenska kyrkan. Ibland har jag fått vara med om att detta skyddade rum blivit som ett annorlunda, »privat« gudstjänstrum, där både syndabekännelse, trosbekännelse och bön har ägt rum – men med ord och uttryck som känts egna och ärliga för människor som inte känt sig bekväma i kyrkans offentliga gudstjänstliv.

Att tala för sig själv

Ett problem, som inte handlar om språksvårigheter, är att konfidenter ibland ägnar mer tid i samtalsrummet åt att tala om *andra* människor och deras beteende, än om sig själva och sina egna problem. Och visst hör även omgivningen till konfidentens »här är här där jag är«. Befogade anklagelser mot andra behöver få sin plats i konfidentens livsberättelse. Men för att samtalet ska bli till verklig hjälp behöver det ha sitt primära fokus på konfidentens egen situation och sitt eget sätt att förhålla sig till sin omgivning. Det var nog detta som Jesus syftade på med sin fråga: »Varför ser du flisan i din broders öga när du inte märker bjälken i ditt eget?« Tyvärr kan en »bikt« ibland bli en »bekännelse av andras synder«, och det är kanske inte så märkligt att man vill lätta sitt hjärta även på det sättet, men då har samtalet begränsat värde för konfidentens egen utveckling. Här finns viktiga erfarenheter att lära av från *Alanon* – Anonyma Alkoholisters anhörigprogram – där anhöriga till missbrukare får lära sig att be Sinnesrobönen i följande tänkvärda version:

Gud, ge mig sinnesro
att acceptera de människor jag inte kan förändra,
mod att förändra den jag kan
och förstånd att inse att den människan är jag själv.

Att det är oss själva som vi kan förändra är något vi kan behöva förstånd att inse (– eller »wisdom«, som är ordet som används i det engelska originalet). Inte sällan behöver vi en annan persons hjälp för att få klarhet i vad som är vår egen roll i en komplicerad situation. Innan det blir dags att »tala för sig själv« i våra relationer till andra, kan vi därför behöva komma till tals med oss själva om vad vi innerst inne känner och tänker – och vad som är konstruktivt att säga.

Trosfrågor och existentiell problematik

När jag tänker tillbaka på den verksamhet som jag själv under många år bedrivit i samtalsrummet konstaterar jag att mötena inte särskilt ofta har haft en uttalad »religiös« karaktär. Oavsett om mina konfidenter varit troende eller ej, har samtalet oftast rört vanlig, mänsklig och existentiell problematik. Här skiljer jag mig från själavårdarkollegor för vilka själavård oftast handlar om »andlig vägledning« och förbön. Det jag ägnat mig åt i samtalsrummet kan snarare beskrivas som »själavård med psykoterapeutiska redskap«. Men visst har det också hänt att »predikanten« inom mig har kunnat ta till orda och aktualiserat bibliska berättelser om människors livsöden som kunnat belysa en konfidents livssituation. Tillsammans har vi ibland också prövat det bibliska språket, inte minst i *Psaltaren*, som i alla tider varit en så god hjälp för människor som behövt uttrycka den mångfald av känslor och tankar som livet innehåller.

En övergripande målsättning jag har haft i samtalsrummet har annars varit att hjälpa människor att få tillgång till sin egen livsberättelse, och att få ihop sina liv till en begriplig helhet. Sådant »helande« har jag också haft glädjen av att se levande exempel på. Ibland har Sinnesrobönens fyra rader fungerat som ett bra redskap när det gällt att sortera i minnen, erfarenheter och känslor – vad man måste be om sinnesro att acceptera, och vad man behöver be om mod och klarhet att göra något åt. I efterhand upptäcker jag att jag – utan att alls ha tänkt på visan från »Fem myror...« – faktiskt har använt dess fyra rader för att ringa in en persons aktuella situation. Att inventera var i livet någon *är* – eller *inte* är – har ofta varit till hjälp att hitta en utgångspunkt för det fortsatta samtalet.

Bra skor – utan kors

På visst sätt är den verksamhet jag bedrivit som terapeut och själavårdare inte olik den yrkesutövning som kristna lärare, bilmekaniker eller tandläkare utövar. Dessa personer är naturligtvis – precis som jag själv – kristna även på jobbet, men de kompletterar inte sina professionella tjänster med att också tala om sin tro för sina elever, patienter och kunder. Som regel har inte jag heller gjort det, även om min identitet som pastor varit väl känd för mina konfidenter. Men utan att förminska betydelsen av »muntlig evangelisation« måste jag erkänna att jag sympatiserar med Martin Luthers påstående om kristna skomakare – att de inte gör »skor med kors på« utan helt enkelt bra skor. Att »korsmärkt« själavård är viktig tycker förstås även jag, både förkunnelse, bibelläsning och förbön, men den formen av kristen själavård har jag huvudsakligen bedrivit i gudstjänstsammanhang, i rollen som predikant, lärare och föreläsare och genom mitt författarskap.

Enskild själavård
– steg mot en ärlig gemenskap

Tillsammans med samtal i mindre grupper tror jag det enskilda samtalet kan vara ett nödvändigt komplement till det offentliga gudstjänstlivet för att den ärliga kristna gemenskap som många hoppas på ska kunna förverkligas. I de större sammanhangen talar vi ju inte om allt, och bör inte heller göra det. Vissa hemligheter och gömställen kan vi tvärtom behöva, och det kan finnas sådant i våra liv som det kanske är klokast att ta med sig i graven. Samtidigt är det många människors erfarenhet att det är en lättnad och befrielse att offentligt och inför en större gemenskap kunna dela sin livsberättelse. Sådana personliga vittnesbörd förekommer självklart också ibland. Inte minst i de senaste årtiondenas sinnesrogudstjänster har jag varit med om att tidigare missbrukare delat sin »life story«. För många som hört den är jag övertygad om att det gett hopp om att också de själva ska kunna komma till rätta med sitt liv. Men att lyckas få ihop sin livsberättelse och kunna dela den med andra är inte enkelt. Kanske är det inte heller tillrådligt att öppna sitt hjärta inför en större grupp om man inte tidigare har kunnat göra det i förtroende i enskild själavård eller i en mindre grupp. Det kan vara den »språkövning« som behövs innan man kan »tala rent« i ett offentligt sammanhang. Kanske kan det också vara ett viktigt steg på vägen från ensamhet till ärlig delaktighet i en större gemenskap.

Äntligen i predikstolen

»Äntligen stod prästen i predikstolen!« Med de orden inleder Selma Lagerlöf sin roman *Gösta Berlings saga* från 1891, och de orden kan även jag göra till mina egna, åtminstone i den betydelse att det finns ett »äntligen« i mitt förhållande till predikstolen. För trots vad jag i den här boken skriver om ansvaret att vara närvarande i sina ord och om risken för tomma ord, har predikstolen under mer än femtio år varit en av de platser där jag har känt mig vara i mitt esse. Detta är dock inte detsamma som att jag trivts eller varit framgångsrik i rollen som predikant. Min predikoverksamhet har ju heller inte ägt rum under en framgångsperiod för mitt samfund och dess församlingar. Nej, att jag använder ordet »esse« är snarare ett vittnesbörd om att jag i predikstolen gång på gång ställts inför utmaningen att med mina egna ord stå för vad jag tror. Den utmaningen – tillsammans med många timmar i samtalsrummet både som hjälpare och hjälpsökande – tror jag har medverkat till att hålla mig levande som människa och kristen. Gemensamt för dessa båda »arenor« är ju att de är platser för människors egna ord.

De oförutsägbara orden

En predikan är – och bör vara – oförutsägbar och skiljer sig därigenom från de flesta andra momenten i en gudstjänst: psalmer och sånger, böner, bekännelser och till och med bibelläsning. Det är predikanten som fritt väljer ord att förmedla som personligt tilltal till en församling vid ett särskilt tillfälle.

Även om predikanten har ett manuskript som i efterhand kan ges ut i skrift är den till sin egentliga karaktär en »händelse i direktsändning«. Kanske just därför väcker den reaktioner på ett annat sätt än andra mer eller mindre givna och välkända moment som upprepas i gudstjänst efter gudstjänst. På den tid när de flesta inte ägde någon bibel och läskunnigheten var begränsad, kunde prästerna ha uppgiften att helt enkelt lära ut Bibelns innehåll. Nu är den situationen förändrad och alla som vill kan läsa Bibeln på egen hand. Vad det som står i Bibeln betyder finns också förklarat i hur många teologiska böcker som helst, tillgängliga för den som är intresserad. Dessutom har de flesta i kyrkan – åtminstone i de frikyrkliga sammanhang där jag har rört mig – hört texterna läsas och utläggas många gånger tidigare. Just därför tror jag att predikans oförutsägbarhet är viktig, och att det finns en speciell förväntan på det som sägs. Det förväntas först ha landat i predikantens eget liv innan det förmedlas på ett sådant sätt att det förhoppningsvis kan intressera åhörarna i deras aktuella livssituation. En predikan innebär ju inte – som på teatern – att texter ska »framföras« i en föreställning som kan spelas gång på gång. Det handlar i stället om ett »engångsmöte«. Just den omständigheten tror jag är vad som har fortsatt att utmana mig, och jag tycker inte att uppgiften blivit enklare av en livslång predikorutin.

Välsignelse och vånda

Motiven att söka sig till predikstolen kan säkert variera. Där får man säga vad man vill och stå i centrum för människors uppmärksamhet. Att vara den ende som står när de övriga sitter är ju att vara »enastående«, vilket innebär att predikstolen – på gott och ont – kan ge en sorts »narcissistisk belöning«. En viss narcissistisk läggning är kanske till och med nödvändig för en predikant. Om man djupt ogillar att stå inför folk blir man nog inte långvarig i pastors- eller prästtjänst. Men denna belöning kommer med ett pris som gör att man knappast kan tala om att »trivas« i predikstolen. Det priset handlar om våndan inför ansvaret att förmedla Guds ord, och utmaningen att nå in i människors hjärtan.

Utan att bli uppskattad som en duktig predikant tror jag det är svårt att hålla ut i uppgiften. Även för egen del har jag naturligtvis haft behovet av positiv bekräftelse. Men min främsta förhoppning har ändå varit att kunna smitta av mig på lyssnarna på ett sådant sätt, att de själva utmanats att finna sina egna ord för vad de tror och tänker. En helt befogad förväntan från kyrkbänken är visserligen att predikanten ska »tala för sig själv« och själv vara intresserad av sitt budskap. Varför ska annars lyssnarna vara intresserade? Men med en sådan förväntan från åhörarnas sida följer utmaningen att för egen del – som lyssnare – leva sig in i predikantens roll och ställa sig frågan vad man själv skulle ha sagt om denna text eller i detta ämne. Precis som det har varit för mig, kan detta vara ett sätt för den enskilde gudstjänstdeltagaren att hålla sig levande som människa och som kristen,

En diktare som gett ord åt våndan i predikouppdraget är biskop Nils Bolander. Han skriver bland annat:

Tusen gånger har jag velat fly
ifrån gäll och kappa, gård och grund,
när jag sett min andes oförmåga
i en obarmhärtigt klarögd stund.

Självfallet känner jag igen mig i en sådan beskrivning. Att vara representant för Guds ord, ja, på sätt och vis för Gud själv, är en pretentiös ambition och position, där man under en stund står ensam ansvarig för vad som sägs och samtidigt är ödmjukt medveten om hur lite man själv förmår.

En annan uppgift i en församling är att vara gudstjänstledare, och även den är naturligtvis viktig. Någon måste samordna olika inslag där olika personer medverkar med tal eller sång, liksom att välja ut sångtexter, böner och bekännelser. Den uppgiften har jag haft många gånger under årens lopp, men jag har faktiskt aldrig varit riktigt bekväm i rollen som »programledare«. Mitt »äntligen« har gällt predikan. Det är där, i utmaningen att med egna ord förmedla en hälsning från Gud till en församling, som jag har känt mig som mest levande och närvarande.

Sån´t man säger i kyrkan

Som gudstjänstdeltagare i kyrkbänken har jag tyvärr alltför ofta kommit på mig själv med att ha tankarna på annat håll medan jag mekaniskt »rabblat med« i sånger och böner – eller kanske suttit som en recensent med åsikter om det ena eller andra utan att känna mig verkligt berörd. Jag har inte alls svårt att förstå om människor som känner det på liknande sätt tröttnar på att gå till kyrkan och undviker gudstjänster. Att vara mentalt frånvarande kan faktiskt kännas som bortkastad tid, som att vara »där, där man inte är«. Kanske är det därför som en del kommer till kyrkan bara när de har en uppgift att fokusera på – som textläsare, förebedjare, sångare, kyrkvärd, ljudtekniker eller ansvarig för kyrkkaffet. Mer sällan när de ska sitta i kyrkbänken bara för sin egen skull.

Desto viktigare är det att den som predikar är riktigt närvarande i sina ord. Jag är övertygad om att den ärliga gemenskap som många längtar efter i kyrkan kan befrämjas lika mycket från predikstolen som genom andra gemenskapsbefrämjande verksamheter. Om orden i predikan därför mest uppfattas som »sån´t man säger i kyrkan« och inte känns som ett ärligt vittnesbörd om predikantens egen brottning med livet och tron, tror jag nämligen att det kan smitta av sig på lyssnarna. Risken är att allt fler vänjer sig vid att gudstjänst och vardagsliv är skilda världar.

På talarstolen ett lejon
men eljest en rädd liten mus.
Den store profeten krymper
i vardagens vassa ljus.

Så skildrar Nils Bolander sin upplevelse av kontrasten mellan sina roller i och utanför kyrkan. Kanske även en del gudstjänstdeltagare kan känna igen sig i denna beskrivning när de lämnar kyrkan och går ut i sin vardagsverklighet. Desto mer angeläget är det naturligtvis att det som sker i kyrkan ger människor hjälp att hålla ihop tillvarons olika sidor till en helhet.

Förmedlare av Guds ord

Även om det är predikantens egna ord som är kännetecknande för en predikan, är de naturligtvis inte det allra viktigaste i en gudstjänst. Det är ju *Guds* ord som ska förmedlas, inte bara predikantens egna tankar. Att detta kan kännas både ansvarsfullt och tungt tror jag de flesta kan förstå. En lindring har jag dock själv funnit i tanken på att min uppgift som predikant faktiskt inte är att på egen hand »hitta på« något att säga. Uppgiften är ju att *förmedla* något jag själv tagit emot. Rollen i predikstolen liknar alltså en brevbärares roll mycket mer än de roller som en författare eller uppfinnare har. Det handlar ju om att förmedla en »försändelse« från en avsändare till en mottagare.

När jag i min ungdom sommarjobbade som lantbrevbärare blev jag dock ibland ombedd att läsa brev tillsammans med mottagare, som inte själva kunde läsa eller förstå, till exempel brev på ett främmande språk. Den situationen har likheter med vad som händer i en predikan – att jag som predikant försöker tolka Bibelns ibland svårbegripliga ord så som jag själv förstår dem, och därefter förmedla dem på ett språk som mottagaren förstår. När jag gjort detta så gott jag kan, ja, då får jag be om Guds välsignelse över det jag sagt. En bön som förr var vanlig i Svenska kyrkan som avslutning på predikan hade följande lydelse:

Helige Ande, skriv ditt ord i våra hjärtan,
så att vi icke bliva glömska hörare,
utan dagligen tillväxa
i tro, hopp, kärlek och tålamod intill änden,
och så bliva saliga,
genom Jesus Kristus, vår Herre. Amen.

Dessa gamla formuleringar kanske inte känns helt naturliga för mig – eller för mina lyssnare – men innehållet i bönen stämmer väl överens med vad jag själv hoppas och ber.

Predikanten – ingen vanlig människa

Prästskildringar finns det många, både *av* präster och *om* präster, men ingen tror jag har betytt lika mycket för mig som den i romanen *Stengrunden* av biskopen Bo Giertz. Även om den kan verka lite gammalmodig vill jag gärna rädda den för eftervärlden, för jag tror att den är viktig att begrunda även för dagens präster, pastorer och församlingar. Ett avsnitt som särskilt fastnat i mitt minne handlar om prästen Gösta Torvik som tycker det är viktigt att visa sig som »en vanlig människa« inför folk och därför ibland uppträder utan »prästrock«. Inför sin kyrkoherde förklarar han: »Jag vill inte göra mig stor genom mitt ämbete. Jag vill bara påminna mig själv och andra att prästen inte är något genom sitt ämbete utan bara genom den som han är i sig själv.«

Denna förklaring imponerar inte på kyrkoherden som i stället påminner om att en präst inte är en vanlig människa, utan en person som är vigd av Kyrkan till Ordets tjänare och vald och avlönad av församlingen. Han frågar Torvik: »Hur kan du ta emot de pengarna om du bara är en vanlig människa?« Och så fortsätter kyrkoherden med följande allvarsord till sin komminister:

Du är den högmodigaste människa jag någonsin träffat. Vad är du i dig själv? En syndare!... Stiger du upp i predikstolen därför att du anser dig genom din fromhet, och din tro, dina böner vara kallad till ledare för de kristna i Ödesjö? Då kan du lika gärna stanna hemma. Tänker du fortsätta att predika så får du allt göra det därför att du är satt till det av Gud och har hans Ord att hålla dig till, som blir ett lika heligt ord, även när en usel tjänare med många skröpligheter bär fram det.

Jo, nog medger Torvik att han är uselt redskap med många skröpligheter. Och dialogen avslutas med kyrkoherdens uppfordrande ord: »Då ska du också ta på dig prästrocken och inte längre komma som den märklige Gösta Torvik utan bara som Guds Ords ringa tjänare i Ödesjö.«

Även jag har en »prästrock« – en kaftan. Vid begravningar och vigslar har jag självklart tagit den på mig, men vid en del andra tillfällen har jag ibland funderat på om jag ska uppträda civil eller använda pastorsskjortan. Jag är ju både pastor och människa. Och jag misstänker att pastorskollegor som läser den här boken känner igen sig i detta dilemma. Men jag vill påstå att det dilemmat faktiskt är en fråga för alla oss som delar en kristen tro och bekännelse. På vilket sätt bör vår kristna identitet vara synlig för omvärlden? Alla har vi ju en kallelse att föra Guds ord vidare, var och en på sitt sätt och med våra egna ord. Inför den uppgiften kan vi säkert känna oss som »usla tjänare med många skröpligheter«. Då kan vi ta till oss följande rader som en hälsning till oss alla från Nils Bolander som själv många gånger kände sig som en usel tjänare med många skröpligheter:

Och jag hörde som en fjärran röst
viska i mitt missmods djupa natt:
I ett kärl av lera, tunt och skört
ville jag förvara Ordets skatt.

Då förstod jag i min bristfullhet
att jag ej fick vika från min post.
Man kan ösa ur en källas djup
också med en skopa, röd av rost.

Också med ett redskap, slitet, slött,
med en ganska illa faren plog
kan Gud röja i sin ödemark,
vinna åkerjord ur snårig skog.

Där två eller tre är församlade

Att vara närvarande där man är räcker inte alltid – inte om man är alldeles ensam där man är. En del människor trivs visserligen bra i sin ensamhet under förutsättning att den är självvald och tidsbegränsad, men i ofrivillig ensamhet finns varken gemenskap eller ärlighet. Den som inte har någon att tala med har heller ingen att vara ärlig emot. Nej, för att bli till som människor, och för att kunna betjäna vår omvärld, behöver vi möten och samverkan med andra. Bot mot ensamhet består dock inte i att ha en massa folk omkring sig. Många som känner sig ensamma verkar faktiskt hellre avstå från att gå till kyrkan eller andra publikevenemang än att bli ensam bland många människor. Hela upplevelsen kan dock förändras bara man har »någon att gå med«. Är det dessutom en vän man har förtroende för kan ensamhetskänslan botas helt. Kanske det är sådana förtroendefulla relationer som Jesus vill befrämja när han skickar ut sina lärjungar två och två på sina uppdrag – och när han lovar att vara mitt ibland dem om »två eller tre är samlade i [hans] namn« (Matt 18:20).

Ibland har orden om »två eller tre« använts som en ursäkt och tröst när det inte kommit så många till ett »möte«, men jag tror inte alls att det var detta Jesus avsåg med sina ord. I stället ville han visa på en viktig andlig princip: att vi för att leva och fungera som kristna behöver ärlig samvaro i en liten förtrolig krets. Det gäller säkert lika mycket idag som det gjorde på den tid när Jesus vandrade på jorden. Utan tvekan kan »megakyrkor« och jättestora kristna konferenser locka med starka upplevelser, där man kan »åka med« utan att behöva ta personligt ansvar för verksamheten, något som man ofta måste göra i en liten församling. Men det är knappast i de stora sammanhangen som vi bäst växer och mognar som kristna.

Komplicerad tvåsamhet

Den välsignelse som Jesus utlovar till »två eller tre« tror jag dock inte handlar om den förtrolighet som kan finnas mellan två personer. Att ha en livskamrat eller nära vän är naturligtvis ovärderligt, men tvåsamhet kan också vara komplicerad. Ett par makar kan vara varandras allra bästa vänner, men i ett äktenskap kan man även känna sig bunden och inlåst. Ett komplicerat medberoende kan där utvecklas med både missbruk och övergrepp utan att någon utomstående får veta om det och kan ingripa. I olyckliga fall kan en »folie à deux« utvecklas, en psykisk sjukdom där två personer delar samma vanföreställningar. Det är visserligen sant att *goda* hemligheter kan bevaras lättare om man bara är två om dem, men det kan också finnas *onda* hemligheter som den ena parten i ett förhållande kan tvinga den andre att tiga om. Ord kan stå mot ord om problem uppstår i ett möte på tu man hand, och ingen utomstående kan veta vad som egentligen hände.

När tre eller fler delar en hemlighet ökar risken för att den läcker ut. Men i en gemenskap av tre personer som står fria gentemot varandra finns också en styrka och en frihet. När ingen är helt beroende av en annan blir ingen heller helt utlämnad åt en annan. En tredje person finns alltid som vittne, och det begränsar en enskild persons makt över en annan, vilket kan förhindra både maktmissbruk och övergrepp. Att det i vissa kulturer krävs att ett »förkläde« ska vara med vid möten på tu man hand är kanske inte främst ett uttryck för prydhet, utan för omsorg om att inget ska äga rum som är till skada för en svagare part.

154

Den begränsade tystnadsplikten

I böne- och samtalsgrupper förutsätts ofta att »det som sägs i rummet stannar i rummet«. För att vi ska kunna vara riktig ärliga i en gemenskap behöver vi ju kunna lita på varandra, och då kan den påminnelsen behövas. Annars kan bönegrupper tyvärr utvecklas till rena skvallercentraler. Samtidigt behövs ibland också påminnelsen att absolut tystnadsplikt inte gäller förtroenden vänner emellan, inte heller i en bönegrupp. Enbart präster och pastorer, och vissa andra yrkesgrupper, har denna absoluta tystnadsplikt i samband med enskilda själavårdssamtal mellan fyra ögon. Bara dessa professionella personer – och de närmaste anhöriga till en anklagad – är enligt lagen »undantagna från vittnesplikt i domstol«. Alla andra har vittnesplikt och är skyldiga att i en rättegång berätta vad de sett eller vet.

Vittnesplikten kan därmed tjäna som ett skydd mot en ledares maktmissbruk över en grupp, och mot att en hel grupp utvecklas i destruktiv riktning. Inte heller i ett enskilt samtal har en själavårdare *juridisk* rätt att avkräva tystnadslöfte från en konfident om vad som sagts eller försiggått i rummet. Alla bör vi således vara beredda att fungera som »visselblåsare« när vi märker av en destruktiv utveckling i en grupp eller ett samtal. Trots dessa begränsningar och risker tror jag små grupper är de platser där ärlighet och verklig gemenskap bäst kan förverkligas.

Jesusorden om »två eller tre« tror jag inte heller gäller den tvåsamhet som finns mellan en konfident och en själavårdare, särskilt om de – som ofta är fallet i mindre frikyrkoförsamlingar – vid sidan av samtalsrummet också har en privat relation eller någon sorts beroendeförhållande till varandra. Att lägga en sådan relation under tystnadsplikt kan innebära att en pastor blir bakbunden i sitt ledarskap för hela församlingen. Även om det enligt Nouwen ska råda gästfrihet

155

i samtalsrummet behöver alltså en själavårdsrelation vara omgärdad av tydliga ramar så att den inte förväxlas med ömsesidig vänskap.

Samvaro som mål – inte som medel

I ett tidigare kapitel ställde jag frågan om kristen församlings grundläggande identitet är att vara ett arbetslag eller en livsgemenskap – och om vi ser på varandra som »jobbarkompisar« eller som bröder och systrar? När Jesus talar om två eller tre personer som samlas i hans namn tror jag han vill visa vad han önskar för sina lärjungar. Framför mig ser jag bilden av en samvaro som är ett mål i sig själv, inte en kommitté med målet att förverkliga ett projekt, och där man hoppas och att sammanträdena ska bli korta och effektiva. I stället handlar Jesusorden om en vänners gemenskap där man inte har bråttom, där tillhörighet är viktigare än kompetens, och där man – precis som i samtalsrummet – är fri att »provtänka« och »provprata«.

Inget hindrar förstås att några troende vänner också kan få ett och annat uträttat. Som kristna är vi ju kallade till tjänst i världen, och det kräver både sammanträden och verksamhet. Men i den lilla gruppen – mellantinget mellan kollektiv och ensamhet – kanske ändå nyckeln finns till det så många av oss längtar efter: en kyrka och församling där gemenskap och ärlighet hör samman.

DEL 4. OVAN DÄR OCH REDAN HÄR

Här har man alltid med sig

Bland självklarheterna i visan från »Fem myror...« finns en komisk paradox. Om vi förflyttar oss till ett »där« där vi ännu inte är, så blir ju detta »där« vårt nya »här« så fort som vi kommit fram. Men kan således aldrig bli kvitt sitt »här«, och den sanningen slås i visan fast med orden att »här har man alltid med sig«.

En annorlunda insikt, ett par tusen år äldre än barnvisans självklarheter, är att man inte två gånger kan stiga ner i samma flod. Det påståendet är tillskrivet den grekiske filosofen Herakleitos på 500-talet f Kr. och trots – eller kanske på grund av – sin självklarhet har det gett människor i alla tider anledning att reflektera över världen, tiden och sitt eget liv. Det tycker jag även gäller Magnus och Brasses vistext som går som en röd tråd genom den här boken. Dess första två rader har jag nu upprepat så många gånger att det kanske blivit tjatigt för läsaren. Och nu är det dags för några reflektioner om den tredje självklarheten: Här har man alltid med sig.

This, too, shall pass

Tidens mysterium tänker man antagligen mer på ju äldre man blir. Men hela livet gäller det att nuet flyttar på sig hela tiden. »Idag« är i morgon »i går«. Nuet är en kort passage mellan det förflutna och framtiden. När ett ögonblick är förbi är ett nytt ögonblick genast hos oss där vi är, och »här« fortsätter att följa med oss när detta ögonblick är över. Hela tiden förvandlas nuet till ett då, presens till imperfektum. Detta är sådant som vi inte kan förändra och därför måste be om sinnesro att acceptera. Våra olika roller växlar hela tiden men kan också upplevas samtidigt, ungefär som för Ewert Taube när han känner sig »som en gosse fast farfar [han] är«.

Jag tänker ibland på livet som en tågresa där man hela tiden sitter på sin plats medan tåget rör sig framåt, och världen runt omkring erbjuder ständigt nya utsikter. Mitt i dessa yttre förändringar är man samma person. Utanför fönstret växlar ortnamnen, men innanför sitter man, hela tiden med samma egennamn, personnummer och DNA.

I en persisk legend berättas att den vise kung Salomo ville hitta ett sätt att beskriva tillvaron som skulle vara lika sant oavsett hur omständigheterna växlade. Uttrycket han kom fram till – mest känt på engelska – var »This, too, shall pass« (också det här går över). Orden påminner om att varken det negativa eller det positiva i livet varar för alltid, att allt är tillfälligt och förgängligt. Därför är det klokt att inte fastna i vad som gäller för tillfället utan att försöka hänga med i den pågående livsprocessen så att man inte kommer i otakt med dess ständigt rörliga *nu*. Då ökar också möjligheten att bli bemött som den man är och just där man är.

Inför sista varvet

Allt oftare, och ju äldre jag blir, tänker jag på livet utifrån en annan jämförelse: ett långdistanslopp där löparna avverkar varv efter varv på en löparbana. Trots stor möda kommer de egentligen ingenstans. När de kommer i mål är de ju tillbaka där de startade, och mållinjen passerar de gång på gång i en cirkulär rörelse. På liknande sätt är det med våra liv. Det blir vår, sommar, höst och vinter och därefter vår igen. Det blir jul och påsk och midsommar och advent, och sen är det jul igen i en evig kretsgång. This, too, shall pass. Förr eller senare avbryts dock den cirkulära rörelsen av att klockan ringer för sista varvet. Då påminns vi om att vi inte bara är ute och springer, utan faktiskt också befinner oss på en resa med början och slut, en *lineär* färd mellan födelse och död. Kommer vi att kunna använda orden »this, too, shall pass« även den dag vi fullbordat vårt lopp? Räcker det då att vara – och ha varit – närvarande i de flyende ögonblicken? Eller behöver vi något mer hållbart, evigt och oförgängligt att hålla oss i? Ja, finns det något mer än vårt eget »här« som vi alltid kan ha med oss? Det vill jag tro, och ja, det tror jag. Något om hur jag tänker om detta försöker jag förklara i de kommande kapitlen.

Gud har man alltid med sig

Trots att jag varit troende hela mitt vuxna liv och talar fly-tande »kyrkiska«, tycker jag det är svårt att svara någorlunda kort och enkelt på frågan om jag tror på Gud. Ja, trots att jag både studerat och undervisat i teologi och vet mycket både om kristen tro och om andra religioner, vet jag inte riktigt vad jag ska svara när frågan ställs. Oftast blir det nog ett »Ja, men...« och så kommer en rad reservationer som sällan någon orkar lyssna på. Om jag till exempel ställs inför frågan om jag tror att Gud är en gubbe som sitter på ett moln, som har hela världen i sin hand och har kontroll över allt som sker, ja, då måste jag svara »nej«. Inför en rad liknande frågor om Gud framstår jag nog som en ateist. Så vad – eller vem – är det egentligen jag tror på, jag som kallar mig kristen? Vad innebär det för mig att »tro på Gud«? När jag försöker bringa reda i mina tankar hamnar jag antingen i olika paradoxer, eller också blir jag stum inför mysteriet.

Ibland säger sig människor ha upplevt Guds närvaro i naturen eller vittnar om gudsmöten i kyrkan eller i ensam-heten på sin kammare. Min reaktion är då att fråga vad de egentligen talar om. Att det är fråga om någon sorts andlig upplevelse står ju klart, men hur kan de veta att det är GUD de har mött – en yttersta verklighet bortom alla mänskliga föreställningar? Handlar det inte snarare om en gudsföre-ställning som de ärvt eller själva skapat? Kanske rent av en avgud? Eller är det helt enkelt bara fråga om en stark per-sonlig upplevelse av något odefinierat som de väljer att kalla »Gud«?

Med litet »g« eller stort »G«

»Gud« är antagligen ett av de vanligaste orden i världen, och jag har ju själv använt det ett antal gånger i den här boken. Samtidigt har jag varnat för risken att vänja sig vid tomma ord, och på den punkten kan nog ordet »Gud« vara ett av de mest hotade. I det andra av de tio Guds bud som Mose fick ta emot på Sinai berg fanns också en allvarlig varning för missbruk av Guds namn (2 Mos 20:7). När Mose dessförinnan hade mött Herren i en brinnande buske hade han fått i uppdrag att låta folket veta Guds namn: »Jag är den jag är« – i den hebreiska texten skrivet med bokstäverna JHVH. Inom judendomen har man gått så långt för att undvika missbruk av detta heliga namn att man inte ens uttalar det. I de heliga texterna står visserligen ordet *Jahve*, men man läser i stället *Adonaj*, som betyder Herren.

Jag konstaterar att det inte är helt lätt att avgöra vad som är bruk och vad som är missbruk av ordet »Gud«. Ska ordet förresten skrivas med stort »G« eller litet »g«? I sitt herdabrev med titeln *Samtal om Gud* (1997) prövar den tidigare ärkebiskopen K.G. Hammar olika sätt att skriva. När han använder litet »g« avser han »gud som vi själva uppfattar honom«. Just så heter det för övrigt i Anonyma Alkoholisters tolvstegsprogram, där gudsbilden avgörs av vars och ens egna föreställningar som kan variera från en människa till en annan. När Hammar skriver ordet med versaler – »GUD« – avser han en yttersta verklighet bortom vad vi som människor kan föreställa oss, en Gud som alltid är »större«. Evangelisten Johannes formulerar sig på liknande sätt i sitt första kapitel där han i en och samma vers använder både stort »G« och litet »g«: »Ingen har någonsin sett Gud. Den ende sonen, själv gud och alltid nära Fadern, han har förklarat honom för oss« (Joh 1:18).

En annan välkänd text där litet »g« används för ordet »gud« är Hjalmar Gullbergs diktsvit »Förklädd gud« där han – precis som flera stora religioner – räknar med att det finns flera gudar. Han skriver bland annat:

Än vandrar gudar över denna jord,
en av dem kanske sitter vid ditt bord.
...
Den regeln har ej blivit överträdd.
Finns gud på jorden vandrar han förklädd.

Att bli antingen stum eller pratig vid samtal om Gud är nog en både vanlig och rimlig reaktion. Inom den teologiska vetenskapen brukar man också skilja mellan *apofatisk* – negativ – teologi, och *katafatisk* – positiv – teologi. Enligt den *apofatiska* teologin är fullständig kunskap om Gud ouppnåelig. Inget påstående om Gud träffar därför målet. Det enda möjliga sättet är därför att beskriva Gud med negationer – vad Gud *inte* är. Aposteln Paulus betonar det perspektivet när han till Timotheos skriver om Gud som »alla konungars konung och alla herrars herre, som ensam är odödlig, som bor i ett ljus som ingen kan nalkas, han som ingen människa har sett eller kan se« (1Tim 6:16). Enligt den *katafatiska* eller positiva teologin finns det en sådan likhet mellan människan och det gudomliga att det är möjligt för oss att uppnå viss kunskap om det gudomliga, följaktligen också att säga något om Gud: »Här är här där Gud är.«

Det finns stöd för båda dessa uppfattningar såväl i bibelord som i psalmer och sånger. I vissa talas om »Majestät i höjden« (Ps 79), att »Gud är i himlen och du på jorden« (Pred 5:1) och att Gud är »långt bortom rymder vida« (Ps 212). I andra sägs Gud vara »här nära, närmre än jag anar« (PoS 825), »ej i stjärnhimlen« eller »bortom havet« (Ps 25:1). Att ge rättvisa åt detta omfattande och motsägelsefulla material är helt omöjligt. Olika perspektiv både kompletterar och motsäger varandra, och det är bara att konstatera att när vi talar om

165

Gud hamnar vi i paradoxer som inte blir mindre av att vi som kristna »kan vår läxa«, instämmer i kyrkans trosbekännelse och »vet« att Gud framför allt visar sig i Jesus från Nasaret. Hur mycket vi än läser vår Bibel och lever med i en kristen gemenskap måste vi acceptera att vi inte vet något alldeles säkert. »Vi lever i tro utan att se« (2 Kor 5:7).

När jag försöker sammanfatta mina reservationer och villkor för att svara »Ja« på frågan om jag tror på Gud, påminns jag ännu en gång om visan från »Fem myror...«. Särskilt tänker jag på raden »här har man alltid med sig«. Det slår mig att jag – bara genom att byta ut ordet »här« mot ordet »Gud« – kan formulera en enkel trosbekännelse som jag gärna gör till min egen: »Gud har man alltid med sig«. Det förtröstansfulla påståendet tror jag gäller även inför en oviss framtid – för både mig själv och för världen. Till mina paradoxer hör nämligen också, även om jag inte tror att Gud har kontroll över allt som nu sker i vår värld, att Gud kommer att ha sista ordet i historien, även om »himmel och jord må brinna, höjder och berg försvinna« (Ps 254).

På något sätt tror jag också att Jesus kommer att stå kvar vid sitt löfte att vara med oss »alla dagar intill tidens slut« (Matt 28:20). I denna tro vilar jag, och på det hoppet förtröstar jag. Och i väntan på tidens slut håller jag fast vid min »nya« trosbekännelse, gärna med ett tillägg som jag tror är viktigt:

> Gud har man alltid med sig,
> och om vi själva är närvarande där vi är
> kan Gud möta oss just som vi är.

Himlen – där vi inte är

I sin längre version av Sinnesrobönen gör Reinhold Nie-
buhr en viktig distinktion mellan »här« och »där«, nämli-
gen mellan *det här livet* och *det tillkommande*. I stället för
att spekulera om livet bortom döden fokuserar han dock
på det här livet, och det han konstaterar är att fullkomlig
salighet inte är inom räckhåll här i jordelivet. Vi kan därför
vara tacksamma om vi får ett *någorlunda* lyckligt liv. Genom
att anpassa våra förväntningar till det som är möjligt för
oss att förändra, kan vi också få sinnesro att acceptera det
vi inte kan göra något åt.

Detta är förstås inte någon ny och sensationell insikt.
Ändå drabbades jag starkt när jag kom i kontakt med lik-
nande tankar hos den österrikisk-amerikanske filosofen
och psykoterapeuten Paul Watzlawick. I boken *Förändring:
att ställa och lösa problem* skriver han om »utopisyndro-
met« och återkommer gång på gång till tesen: »Medan vi
strävar efter det ouppnåeliga förhindrar vi det som kan för-
verkligas.« Den meningen har nu följt mig som ett mantra
i många år. För att vi ska kunna känna tillfredsställelse i
stället för ständig frustration föreslår Watzlawick alltså
att vi byter ut utopiska ideal ut mot rimliga förväntningar.
Han påminner om att »*utopia*« betyder »en plats som inte
finns«, med andra ord ett »där, där vi inte är« och inte heller
kan vara.

Där är där vi ännu inte är

Den synen på tillvaron stämmer väl överens med den livs-tolkning jag fick med mig från min frikyrkliga uppväxt. De många hemlandssångerna målade visserligen upp bilder av saligheten hemma hos Gud, men framför allt tror jag de grundlade en övertygelse hos mig som följer mig än idag: där är där vi (ännu) inte är. Påminnelserna om jordelivets villkor och plikter fanns hela tiden både i familj och församling. Jag kan inte minnas några uttryck för dödslängtan eller önskan om att kunna fly bort från jordiska plikter. Snarare uppfat-tade jag i mina föräldrars och morföräldrars fromma miljö en kallelse att leva här på jorden och utvecklas som människa, att bli »stor och duktig«, och att tjäna Gud och sina med-människor. I mitt andliga arv finns en övertygelse att livet här på jorden är ansvarsfullt och kan vara mödosamt, men också att tillvaron *där* – bortom döden – inte är något att vara rädd för, tvärtom något man kan se fram emot med en positiv förväntan. Och så gällde det förstås att »få fler med till himlen«, för att citera en annan läsarsång.

Aposteln Paulus bekännelse i Filipperbrevet där han er-känner att han »slits åt båda hållen« har jag inte svårt att ta till mig. Det han säger är att han »längtar efter att bryta upp och vara hos Kristus, det vore ju det allra bästa«. Men för för-samlingens skull ser han det som viktigare att leva kvar här (Fil 1:23-25). Hans ord om »att bryta upp« har jag dock aldrig uppfattat som uttryck för en dödslängtan utan snarare som en längtan efter att få »komma fram« efter »väl fullbordat lopp«. Jag känner igen mig både i det främlingskap och den förhoppning som han ger uttryck för när han skriver:

> Vårt hemland är himlen, och därifrån väntar vi
> också den som ska rädda oss, herren Jesus Kristus.
> Han ska förvandla den kropp vi har i vår ringhet så

att den blir lik den kropp han har i sin härlighet,
ty han har kraft att lägga allt under sig. (Fil 3:20).

Men visst har hemlandssångerna färgat av sig på mitt liv och min verklighetsuppfattning. Ett av många exempel på hur jag tidigt lärde mig att se på livet är sången »Ovan där«, en svängig »spiritual«, med bland annat följande text:

Här vi känna brist och nöd, saknar ofta hjälp och stöd.
Trötta anden hungrar, törstar under ökenfärden här.
Men vi tror på Herren Gud, litar helt uppå hans bud.
Vi förstår hans vägar bättre ovan där.
Ovan där randas morgonen,
och där hemma samlas helgonen.
Vi får då berätta om vår resa här.
Vi förstår hans vägar bättre ovan där.

Under min tonårstid i Leksand sjöng vi den i Missionskyrkans ungdomskör, liksom i den kristna skolföreningen på gymnasiet i Borlänge. I efterhand är det svårt att veta om vi verkligen gav uttryck åt en uppriktig känsla, eller om vi framför allt gillade melodin och rytmen som var svängigare än många traditionella psalmer. Som jag minns det mådde de flesta av oss ganska bra, och inte tänkte vi väl på våra liv i Sverige på 1960-talet som en ökenfärd där vi hungrade och törstade. Ändå är det ett faktum att »Ovan där« blev lite av en »slagdänga« i många kristna ungdomssammanhang.

Himlen i psalmer och sånger

Samma budskap som i »Ovan där« har varit ett återkommande tema i väldigt många av den långa kristna traditionens sånger och psalmer, både äldre och yngre. I den gamla psalmen

»Sorgen och glädjen de vandrar tillsammans« (från 1600-talet) konstateras till exempel att »alla har sitt, hårt eller blitt« men att »himlen allena är sorgerna kvitt« (Ps 269). Och Ingemar Johánssons tre hundra år yngre psalm »Jag är alltid på väg mot en avlägsen destination« avslutas med orden »'så vad jag än gör, vad jag än tar mig för, ska jag aldrig släppa taget om detta osynliga land som kallas himlen« (Sv ps 795).

I Bibeln och den kristna psalm- och sångrepertoaren finns stöd för både likheter och skillnader i skildringarna av livet på jorden och det tillkommande himmelska livet. Ibland markeras kontrasten mellan »tåredalen« och »fröjdesalen«. I PoS 719 lyder till exempel texten »Hos Gud är idel glädje, här trycker mången nöd«. Men det finns också psalmer som lovsjunger både skapelsens skönhet och jordelivets glädjeämnen. Ofta beskrivs då detta goda som en *försmak* av något som är ännu bättre i den himmelska saligheten. Det mest kända exemplet är kanske sommarpsalmen »I denna ljuva sommartid« (Ps 200) med text från 1600-talet. I de femte och sjätte stroferna uttrycks en stark längtan att få uppleva himmelens glädje:

> Ack, är det redan här så skönt
> på denna jord så härligt grönt,
> hur skall det då ej bliva
> i himmelen, där Gud berett,
> vad ingen här i världen sett
> och ord ej kan beskriva.

> Ack, att jag redan stode där
> inför din tron, o Herre kär,
> och bure mina palmer.
> Jag ville då på änglars vis
> instämma i ditt lov och pris
> med tusen sköna psalmer.

Återkommande i alla dessa texter är insikten om att den mest grundläggande skillnaden mellan *här* och *där* består i att himlen är där vi ännu inte är – men att vi är på väg dit. Tydligast är detta i den sannolikt mest kända av alla svenska psalmer,»Härlig är jorden«(297), där livet beskrivs som en pilgrimsfärd, en transitresa till paradiset»*genom* de fagra riken på jorden«. Och i den älskade psalmen»En vänlig grönskas rika dräkt...«(Ps 201) markeras skillnaden mellan vad som är förgängligt och vad som evigt. Alltför ofta sjungs tyvärr bara de första verserna vilket gör att man missar psalmens huvudbudskap:

Allt kött är hö, allt flyktar här
och snart förvissna gräsen.
Hos dig, allena, Herre, [där] är ett oförgängligt väsen.
Min ande giv det nya liv som aldrig skall förblomma
fast äng och fält stå tomma.

Då må förblekna sommarns glans
och vissna allt fåfängligt;
Min vän är min och jag är hans,
vårt band är oförgängligt.
I Paradis han huld och vis
mig sist skall omplantera,
där intet vissnar mera.

Även om inte alla hemlandssånger beskriver jordelivet som en ökenfärd är alltså ett vanligt tema att vi är på resa från främlingslandet på jorden hem till Guds himmel. Ibland beskrivs processen som en prövning som ska klaras av innan vi är hemma. I följande sång från *Hemlandssånger*, utgiven 1891, finns en tydlig transitkänsla:

171

Vi bo ej här, vi blott här nere gästa,
en liten tid på resa till vår vän.
Låt intet här, o Gud, vårt hjärta fästa
och hindra färden till vårt hem igen!

Vad gör det väl om resan är besvärlig?
Den varar blott en liten, liten tid.
Och sedan blir så mycket mera härlig
Guds salighet och ljuva, sälla frid.

En psalm som sticker ut från detta generella mönster finns i den frikyrkliga *Psalmer och Sånger*. Texten skrevs år 1972 av metodistpastorn Arne Widegård och har hela sitt fokus på jordelivet:

Du har ett liv som är dig givet, en gåva som är bara din.
Och detta är det enda livet, ty sedan bryter natten in.

De ord och tankar du gestaltar och alla gärningar du gör
är gåvan som du nu förvaltar och en gång måste svara för.

Du har ett liv med möjligheter som du väl anade ibland.
Nu väntar nya verkligheter om Gud berör dig med sin hand. (PoS 696)

Någon väntande himmelsk tillvaro antyds knappast i den texten. Möjligen kan man i sista versen ana att himmelriket är nära, när Widegård skriver att »nya verkligheter« väntar när Gud redan här i livet »berör oss med sin hand«. Att himlen är en dimension redan här i livet, inte (bara) en plats eller ett tillstånd på »andra sidan«, är en tanke som blivit allt vanligare i nyare psalmer. Ett välkänt exempel på att »himmelriket är nära« finns i Anders Frostensons psalm från 1935: »Jesus från Nasaret går här fram än som i gången tid« (Ps 39). Och ett ännu tydligare »inomvärldsligt« perspektiv finns i hans psalm från 1968/1973: »Högt i stjärnehimlen kan vi dig ej finna, men i mänskovimlet är du bland oss, Gud« (Ps 25). I ett antal *Taizésånger* och många små bibelvisor finns samma trösterika övertygelse, till exempel Jan Mattssons »Här, nära, närmre än jag anar finns du som känt mig innan jag fanns till« (PoS 825).

Ja, så här skulle jag kunna fortsätta i det oändliga med psalmer, bibelord, dikter och formuleringar som försöker fånga tillvarons djupaste hemligheter, sådant vi inte vet men hoppas och tror, kanske också oroar oss för. Det verkar finnas en djup mänsklig längtan efter himmelska välsignelser både här där vi är och där, där vi ännu inte är.

Himmel redan här?

För vissa troende verkar det dock inte räcka med längtan, inte heller med att vi här i livet kan känna Guds närhet på olika »andliga« sätt. Med utgångspunkt i den så kallade »härlighetsteologin« har det från tid till tid förkunnats att vi som troende har möjlighet att redan här i livet få njuta av de himmelska välsignelserna, att »ta ut himmelen i förskott«. Bland annat hänvisar man till *Herrens bön* där vi faktiskt ber om att Guds vilja ska förverkligas här på jorden, »så som i himlen«.

Enligt denna »trosförkunnelse« skulle vi alltså redan här och nu inte bara kunna hoppas på och *be* om Guds ingripanden i våra liv utan också kunna göra anspråk på de övernaturliga resurser som Jesus har vunnit åt oss genom sin försoningsgärning: hälsa och helande, seger och framgång. Genom sin egen tro »här« skulle man så att säga redan här kunna vara »där«, och »där« kan komma hit. Många människor har prövat denna tro och en del har också fått uppleva märkliga välsignelser. Andra – antagligen ännu fler – har känt sig lurade

av en förkunnelse som snarare präglas av människors önske-
tänkande än av tron på Gud. En del har tyvärr lagt skulden
på sin egen, alltför svaga tro, och hamnat i självanklagelser.
Tanken på att Guds rike skulle kunna förverkligas redan
här på jorden är inte något nytt i vår tid. Flera gånger i histo-
rien har människor försökt att skapa ett jordiskt himmelrike.
Ett klassiskt exempel är »gudsstaten« i Genève på 1500-ta-
let där reformatorn Jean Calvins tanke var att kristendomen
helt skulle genomsyra samhället i politiskt, ekonomiskt och
socialt avseende. Detta försök att skapa en teokrati, dvs. ett
samhälle där Gud styrde allt, urartade till en brutal mänsklig
diktatur. Varje olydnad mot den officiella religionen straffa-
des hårt. Människor halshöggs, torterades, brändes på bål
eller landsförvisades. Församlingens renhet och enhet blev
viktigare än sanning och barmhärtighet. Liknande försök,
om än i mindre skala, har gjorts många gånger under his-
toriens gång, där utopiska ideal har kommit att prägla and-
liga gemenskaper, med kusliga konsekvenser för enskilda
människor.

Lyckligare liv med rimliga förväntningar

Under mitt liv har jag mött många människor med olika
erfarenheter av vad tro kan betyda och leda till – både väl-
signelse, förbannelse och besvikelser. En övertygelse jag har
landat i kan sammanfattas med hjälp av visan som går som
en röd tråd igenom den här boken: Himlen är där, där vi *inte*
är. Utifrån en sådan övertygelse kan vi få rimligare förvänt-
ningar på jordelivet och känna tacksamhet för ett någorlunda
lyckligt »här« samtidigt som vi kan leva i hoppet om en full-
komlig salighet »där«.

DEL 5. HÄR ÄR HÄR DÄR *JAG ÄR*

Så länge jag lever

Om jag får leva och ha hälsan kommer jag den 14 augusti 2025 att fylla 80 år. Det är ett faktum som jag har svårt att ta till mig, men här är där jag är, och årtalen 1945–2025 fastslår min ålder som ett faktum. Men det är inte den enda verkligheten i min tillvaro. Jag kan också, precis som Ewert Taube, känna mig »som en gosse fast morfar jag är«. Att »rospiggen spritter i mig« stämmer också – ibland. I varje fall var det i Roslagen jag föddes i augusti 1945. Men allt oftare får jag påminnelser om att krafterna inte »spritter« riktigt som förr.

För femton år sedan, när jag var 65, skrev jag boken *Hur hel kan man bli?* Boktitelns fråga har visat sig slitstark, och under de gångna åren har jag hållit många föreläsningar om livets möjligheter och begränsningar. Frågan »hur hel?« antyder å ena sidan att det i människans liv finns begränsningar av olika slag för hur mycket man kan uppnå, uträtta och uthärda – och för hur länge man ska få leva. Å andra sidan antyder frågan »Hur hel?« också att »the sky is the limit«, det vill säga gränslösa möjligheter till fortsatt utveckling från ett »här, där man är« till ett »där, där man (ännu) inte är«.

Gränsen mot pensionärslivet

Samma år som boken kom ut passerade jag den då formella gränsen till pensionärslivet. På olika blanketter kunde jag kryssa i rutan »pensionär« vilket gav mig rätt till rabatt på biobiljetter, tågbiljetter etc. Eftersom jag varit frilansare med egen firma blev dock min övergång till pensionärslivet inte särskilt dramatisk. Jag behövde inte – som en del andra nyblivna pensionärer – lämna tillbaka nycklar eller passerkort till en tidigare arbetsplats, inte heller dator och tjänstetelefon. Livet fortsatte ungefär som vanligt. Jag kom in i en gränstrakt mellan arbetsliv och pensionärsliv där åldersgränsen knappt var märkbar. På många sätt blev 65 faktiskt »bara en siffra« för mig. Och nu är jag här, på väg mot de 80, en siffra vars innebörd jag än har svårt att fatta.

Eftersom jag fortsatt med min frilansverksamhet efter den formella pensionsåldern har jag ibland fått frågan hur länge jag tänker hålla på – som om det är något jag själv kan bestämma. Frågan har ställts av andra, men den har också kommit inifrån mig själv. Jag har svarat att det väl har att göra med min egen lust och ork, och i vilken mån mina tjänster kommer att vara efterfrågade. Men varken frågan eller svaret antyder ett slut, snarare en fortsättning, kanske till och med början på nya projekt.

Hur gammal ska jag bli?

Samtidigt har dock en annan fråga trängt sig på: Hur lång tid har jag kvar att leva? Hur gammal ska jag bli? En ofrånkomlig insikt är ju att den sträcka som återstår av livsvandringen är avsevärt kortare än den jag redan avverkat. Enligt den bibliska »tidtabellen« i den 90:e psalmen i Psaltaren sägs ju att »sjuttio år varar vårt liv, åttio om krafterna står bi« (Ps 90:9). I 1917 års översättning, den jag fortfarande känner bäst, heter det »...om livet bliver långt«.

Om jag ska hålla mig till denna tidtabell är jag alltså nu vid bortre gränsen för jordelivet. I varje fall närmar jag mig det (ännu okända) årtal som tillsammans med mitt födelseår kommer att stå vid mitt namn efter min död – på min gravsten och annars där något skrivs om mig. Det är ju så våra liv definieras efter vår död. Så blev det för min mamma Sara (1910–1974), min pappa Sture (1918–1981) och min syster Birgitta Maria (1948–2013). Ingen av dem nådde pensionsåldern, och vid det här laget har jag alltså överlevt dem alla tre med femton år. Att de sedan länge är »borta« är ett faktum, men inte hela sanningen. Ett annat perspektiv är att de är »framme«, »hemma hos Gud« och att de fortfarande lever med mig i mina minnen. Ibland känns de mycket närvarande. På ett märkligt sätt är de samtidigt både »här« där jag är och »där«, där jag inte är.

Ofta tänker jag på de allt fler generationskamrater som stått mig nära i livet men nu är »på andra sidan«. Även deras tid på jorden kan nu anges med ett födelseår och ett dödsår, och de flesta av dem höll sig nära den tre tusen år gamla bibliska tidtabellen, som fortfarande stämmer ganska väl för de allra flesta. I varje fall stämmer de gamla psaltarorden förr eller senare för oss alla: »Människans dagar är som gräset; hon spirar som blomman på marken, så sveper vinden fram, och den är borta, platsen där den stod är tom« (Ps 103).

I en psalm som fanns med som nummer 652 i *Psalmer och visor '71* men som tyvärr inte kom med i psalmböckerna från 1986/87 tänker Anders Frostenson på de bortgångna och skriver: »De är långt fler än vi och de vet mer än vi. Vi binds av tid och ort. De står i ljusets port.« Han avslutar psalmen med orden: »Kring dem Guds hemlighet. Detta är allt vi vet: lever vi i kärlek då är de oss mycket nära.«

Allt som oftast hör jag nu för tiden kommentaren att jag inte verkar vara särskilt bra på att vara pensionär. Men nästan aldrig är det någon som frågar hur gammal jag tänker bli – än mindre när jag tänker dö. Det är som om ingen vill påminna om att det finns ett slut att förbereda sig för. Även om det är underförstått att döden kan komma emellan när som helst och stoppa framfarten är det sällan något vi talar om. Vårt hela fokus verkar handla om fortsättning, inte om avslutning.

Att dö – livets mästarprov

Ett annat fokus finner jag i karmelitermunken Wilfrid Stinissens bok *Jag dör inte; jag träder in i livet*. Han skriver där om livet som ett gesällprov, och om döden som människans mästarprov. Vår slutliga uppgift i livet och vår verkligt stora utmaning har vi enligt Stinnisen framför oss: att dö väl. Döden ser han inte som något som drabbar oss, eller kommer i vägen för vårt fortsatta liv, utan som en ofrånkomlig uppgift som ännu återstår. Att detta inte är ett naturligt samtalsämne i mina barns generation finner jag helt naturligt. Men nog är det lite egendomligt att det är så sällsynt bland oss äldre, trots att det är här, i just den processen, vi befinner oss.

I vissa situationer blir dock de existentiella frågorna ofrånkomliga, och svaret på frågan hur gammal man ska bli får praktiska konsekvenser. Så var det till exempel härom sistens när tandläkaren informerade mig om att en titankrona eller en keramikbrygga skulle räcka »så länge jag lever«, medan en lagning nog skulle behöva göras om inom ett eller ett par år. Valet var mitt. Mellan de båda alternativen skilde det mer än tio tusen kronor. Så hur länge skulle åtgärden behöva räcka? Vilken framtid skulle jag kalkylera med för att göra en klokt val? Ja, *hur* länge är egentligen »så länge jag lever«?

Tandläkarens fråga är bara en av många liknande frågor som man måste begrunda när man är i min ålder. Ja, det är väl egentligen lika aktuellt i alla åldrar att fråga hur man ska förhålla sig till en framtid som man inte har i sin hand. Men de blir onekligen mer aktuella omkring 80. Vissa framtidsfrågor är då enkla. Att söka en ny tjänst eller till en ny utbildning är inte längre aktuellt, däremot kan frågan vara aktuell om man ska byta bil en gång till, om man ska köpa en ny cykel eller en ny kostym, om man ska ge sig ut på fler utlandsresor och komplettera sina bucketlistor – eller om man ska prioritera avvecklingen av alla verksamheter utöver att »döstäda«, att uppdatera sitt testamente och att leva så att man får ett gott eftermäle.

I det gränsområde där jag befinner mig finns många frågor utan enkla svar. Här, där jag är, är jag inte längre ung, men heller inte död. På vissa områden i livet är det för sent att börja om, men inte på alla. Viktigast av allt: det är inte för sent att leva och att glädjas åt livet och gemenskapen med barn och barnbarn och de vänner som ännu är kvar på »den här sidan«. Det är heller inte för sent att verka för kommande generationers livsmöjligheter här på jorden. Men hur gör man därutöver för att förbereda sig för att livet ska ta slut? *Ars moriendi* – den gamla »konsten att dö« – som människor kände till under tidigare århundraden är tyvärr ganska okänd i vår tid och kultur.

Brukad men inte förbrukad

Sinnesrobönens viktiga frågor är vad man ska resignera inför och vad man ska satsa på i den situation där man är. Vad kan man förändra, och vad är det för sent att göra något åt? Hur helt kan livet bli när man är så pass »begagnad« och sliten som jag är nu – brukad, men ännu inte helt förbrukad? Tankarna kan röra sig i både minnen och drömmar, men den fysiska orken räcker inte som förr. För att hitta fotfäste och balans i mitt »här där jag är« upprepar jag ännu en gång de båda korta texterna som jag har förenat till en enda bön:

Gud, ge mig sinnesro
att acceptera det jag inte kan förändra,
mod att förändra det jag kan
och förstånd att inse skillnaden.
Ja, möt mig nu som den jag är.
Håll mitt hjärta nära dig.
Gör mig till den jag ska bli
och lev i mig.

Någorlunda lycklig i detta livet

Hur kunde jag någonsin tro att jag skulle bli en stor pianist? Ändå levde jag som ung med den drömmen och kunde visualisera hur jag framförde klassiska pianostycken för en stor konsertpublik. Så blev det aldrig. Inte för mig. Däremot för Lars Roos, en jämnårig elev i samma skola, som blev en känd och framstående konsertpianist. Redan i skolan märktes hans talang på skolans morgonsamlingar.

Även jag hade faktiskt under en period tagit pianolektioner, till och med för samma pianolärare som Lars hade haft, men klass-skillnaden var uppenbar. Jag slutade ta lektioner, smärtsamt medveten om att det aldrig skulle bli någon stor pianist av mig. Det var aldrig fråga om någon konkurrens med Lars och jag kände inte ens någon avundsjuka. Avståndet var alltför stort till hans nivå. Jag var helt enkelt inte där han var med avseende på musikalisk begåvning. Jag blev i stället en av många i hans beundrande publik, och i den positionen har jag till och med kunnat känna mig delaktig i hans senare framgångar.

Många år senare hade jag en mardröm. Förväntansfulla människor var samlade i en stor konsertsal. På programmet stod bland annat Chopins minutvals, ett ekvilibristiskt pianostycke som jag aldrig varit i närheten av att kunna framföra. Men plötsligt stod det klart för mig att det var jag som skulle spela. Det var mig alla väntade på. Och jag var smärtsamt medveten om att jag inte alls räckte till för denna uppgift. Men det var för sent att fly från fiaskot. Jag måste visa upp min otillräcklighet. Jag räddades ur drömmen genom att vakna och insåg till min lättnad att jag inte var där, i den pinsamma konsertsituationen, utan i min egen säng, utan att ha gett några löften om en pianokonsert. Men drömbilden följer mig av en generad liten pojke som inför allas ögon har halkat ner från pianopallen och sitter på golvet bredvid den stora flygeln – och skäms.

Några år efter gymnasietiden återupptog jag lektioner i piano, faktiskt även i orgel. De ingick som ett obligatoriskt inslag i utbildningen på Betelseminariet. Alla blivande pastorer förväntades att åtminstone kunna spela några psalmer. Min lust att spela återvände, liksom frimodigheten hos en glad amatör som kunde spela tillräckligt bra för att få vara organist på skolans morgonsamlingar. Till husbehov – och utan publik – har det väl också blivit ett och annat klassiskt pianostycke.

Min ungdomsdröm var orealistisk, och i efterhand kan det kännas pinsamt att jag alls kunde drömma som jag gjorde. Men hur kan man egentligen i förväg veta vad som är möjligt eller orealistiskt? Hur det än är med den saken så blev sången och musiken en glädjekälla i mitt liv, och nu är jag tacksam och glad för att kärleken till musiken gått i arv till barn och barnbarn. Att jag under några år fick leva i närheten av Lars Roos och hans musik tänker jag också på som en förmån, och jag har faktiskt kunnat känna mig delaktig i de stora framgångar han så småningom fick, som jag följt på avstånd.

Drömmar kan ge kraft, men orealistiska mål kan förlama oss så att vi inte kommer någonstans alls, hamnar i kronisk otillfredsställelse och inte vågar drömma om någonting. Höga ideal kan också göra att det känns ännu värre att vara en medelmåtta än att avstå från att satsa och tvingas visa upp något »halvdant«. Lösningen på det dilemmat är naturligtvis att – även om det kan kännas svårt – respektera sin faktiska belägenhet och de förutsättningar man faktiskt har.

Det förhållningssättet till livet var det som jag fann i den längre version av Sinnesrobönen där Reinhold Niebuhr formulerat bönen om att få leva »reasonably happy« i det här livet och »i fullkomlig salighet tillsammans med [Gud] i det tillkommande«. När jag översatte bönen till svenska valde jag uttrycket »någorlunda lycklig« och det har sedan blivit något av ett mantra för mig. En del vet jag tycker att ordet »någorlunda« inte smakar särskilt bra, ungefär som »halvdant«, eller som att nöja sig med för lite. Men för mig har det varit till befrielse och välsignelse: att få vara där jag är och att få göra så gott jag kan.

Halvdant instrument i en mästares hand

Konsertpianist blev jag aldrig, inte heller teologie doktor, professor eller legitimerad psykoterapeut, examina och titlar som markerar höga mål på de områden där jag rört mig i livet. Nog för att jag under ungdomstiden lockades av sådana ambitioner, och kanske kunde jag ha lyckats nå något av dessa mål, men jag upptäckte tidigt att jag blev efterfrågad som den jag redan var, och med den kompetens och erfarenhet jag redan hade. Och så har det fortsatt. Jag har haft full upp där jag varit, på den nivå där jag befunnit mig. Mitt yrkesliv har präglats mindre av formella meriter än av de många uppdrag som jag fått och försökt hantera så gott jag har kunnat – utan vare sig »leg« eller doktorsgrad.

Tänker jag då att rönnbären säkert är sura? Det var ju vad räven sa i Aisopos´ fabel när han inte nådde upp till druvorna som han verkligen hade eftertraktat?[7]

Ja, kanske, ibland. Men då försöker jag tänka att vi människor har olika uppgifter i livet och huvudsaken är att vi hamnar någonstans som känns någorlunda tillfredsställande för oss själva. Och så har det varit för mig. Det förblivande

---

7   I en missvisande svensk översättning av detta talesätt har »grapes« blivit »rönnbären«.

resultatet till gagn för andra människor är det inte min sak att bedöma.

I en dikt av Bo Setterlind hittade jag en skildring som på ett hoppfullt sätt beskriver samspelet mellan våra egna ambitioner och de sammanhang vi är insatta i. Den visar hur våra personliga brister kan kompenseras av meningsfulla sammanhang. Som medelmåtta kan man kanske ibland få spela med i ett elitlag. Och en halvdan fiol med bara två strängar kan i händerna på en skicklig violinist bli ett väl fungerande instrument. Det är den synen som Bo Setterlind ser framför sig:

Aldrig mer ett ont ord om trasiga fioler!
En gång hörde jag Mästaren spela på bara två strängar.
Han stod bland träden
och spelade på sitt älsklingsinstrument,
hymn efter hymn, visa efter visa,
utkristalliserad smärta,
och jag visste: Den fiolen var jag!
Andra skulle inte ha ansett mig värd att spela på,
men i hans händer dög jag!

Så här är här, där jag nu är, och jag avslutar gärna min bok genom att instämma i Reinhold Niebuhrs längre version av Sinnesrobönen:

Gud, ge mig sinnesro
att acceptera det jag inte kan förändra,
mod att förändra det jag kan
och förstånd att inse skillnaden.
Hjälp mig att leva en dag i taget,
att glädjas åt ett ögonblick i sänder
och att acceptera motgångar som en väg till frid.

Hjälp mig att – på samma sätt som Du –
ta denna syndiga värld precis som den är,
inte så som jag önskar att den skulle vara,
och att lita på att Du gör allt väl
om jag överlåter mig åt Din vilja.
Ge mig nåden
att få leva någorlunda lycklig i detta livet
och i fullkomlig salighet
tillsammans med Dig i det tillkommande.

Efterskrift

Arbetet med den här boken har jag själv upplevt som ett inre samtal med människor jag mött i olika sammanhang under mitt liv – i kyrkan, på själavårdskurser, i samtalsrummet och vid föreläsningar. Minnen har vävts samman med reflektioner om vad det innebär att vara människa, och inte minst hur det är att leva i en kristen gemenskap. Nu hoppas jag att du som läst boken kan uppleva den på liknande sätt, och att den därmed kan stimulera dig att samla några vänner för att samtala om de frågor som jag aktualiserar i min bok. Om ni vill organisera er som studiecirkel kan ni med fördel komplettera läsningen av min bok med ytterligare litteratur. Något av studieförbunden – Studieförbundet Bilda eller Sensus studieförbund – hjälper er gärna med organisation och litteraturtips.

Som jag skriver i mitt förord innehåller boken inte några överraskande nyheter, vare sig om mig eller någon annan person, inte heller några konkreta ställningstaganden i aktuella kyrkliga eller politiska frågor, och inget direkt handlingsprogram. Den är mer tänkt att vara en sorts spegel där ni som läsare kan känna igen er och få anledning att reflektera över era egna erfarenheter. Därför tänker jag att min bok kommer att leda till samtal om personliga erfarenheter mer än till diskussioner om olika kontroversiella frågor. Men naturligtvis hoppas jag boken också ska kunna stimulera till samråd om hur kombinationen av gemenskap och ärlighet ska kunna befrämjas och förverkligas i församlingar och kyrkor.

Här följer nu några frågor som jag formulerat i anslutning till bokens olika delar. Jag tror det är klokt att läsa kapitlen i den ordning de står i boken eftersom vissa resonemang i de senare kapitlen refererar till innehållet i tidigare kapitel. Men två övergripande frågor som kan följa läsningen genom *hela* boken är

– Vad känner du igen i min framställning, och vad blev du särskilt berörd av?

– Vad kan du inte identifiera dig med – och hur förklarar du det?

Frågor för egen reflektion och samtal med andra

Del 1: »... som den jag är« – om varje människas unika livsberättelse
- Vad tycker du är lättast att identifiera: var du *är* eller var du *inte är*?
- Vad försvårar mest för dig att vara riktigt närvarande *här och nu*?
- Var – och för vem – är det *just du,* och ingen annan, som kan göra skillnad?
- När har du frestats att »fuska« och inte »spela bollen där den ligger«?
- Hur kan man skilja egna visioner från vanföreställningar?
- Vilka egna exempel har du på att »pep-talk« fungerat?
- Vad är du ofta ensam om i olika sociala sammanhang?

Del 2: Lemmar i samma kropp
- När har du inte känt dig bekväm med att identifieras med ett visst kollektiv?
- Vad gör du ibland »för sällskaps skull« trots egen inre tveksamhet?
- Vilka prioriteringar har du måst göra som känts särskilt svåra?
- Vilka upplevelser har du av grupptryck – på gott och ont?
- När känner du det särskilt ansvarsfullt att vara ett gott föredöme för andra?

Del 3: Fromma ord eller tomma
- I vilka sammanhang upplever du samtal som ett »socialt spel«?
- När har du svårt att instämma i unison sång eller läsning?

- När har du i en viss roll måst framföra ett »budskap« som du inte själv kunnat stå för?
- När känner du dig »utklädd«?
- Vilket ord är du mest bekväm med: »troende«, »frälst«, »kristen« eller »med i kyrkan«?
- När har du upplevt problem med tystnadsplikten – egen eller andras?
- När kände du oro för att en grupp utvecklades i en destruktiv riktning?
- Vad uppskattar du särskilt i en predikan?

Del 4: Ovan där och redan när
- Hur svarar du på frågan: »Tror du på Gud?«
- Vilka upplevelser har du haft av »himmel redan här«?
- Vilka är dina favoriter bland »hemlandssångerna«?
- Hur talar du om döden – som att »gå bort« eller att »gå hem«?
- Vad har du själv för önskningar om begravning, gravplats o.d.?

Del 5. Här är här där jag är
- Vad skulle du själv skriva i ett kapitel med rubriken »Här är här där jag är«?
- Vad hade du för drömmar om livet, och vilka har uppfyllts?
- När tänkte du: »rönnbären är säkert sura« om något du ville ha men inte kunde få?
- När fick du spela med i ett »elitlag«?
- När kände du dig som ett »halvdant« instrument i en mästares händer?

Citerad och omnämnd litteratur

Göran Bergstrand: *Från naivitet till naivitet; om James W Fowlers modell för trons utveckling,* 1990.

Bibel 2000.

Nils Bolander: *Valda dikter,* 1961.

Martin Buber: *Jag och du,* 1923.

Clarence Crafoord: *Människan är en berättelse; tankar om samtalskonst,* 2005

Den svenska psalmboken (Sv ps), 1986.

Horace Engdahl: *Meteorer,* 2009.

Barbara Ehrenreich: *Gilla läget: hur allt gick åt helvete med positivt tänkande,* 2010.

Nils Ferlin: *En döddansares visor,* 1930.

– *Barfotabarn,* 1933.

Viktor E. Frankl: *Livet måste ha mening: erfarenheter i koncentrationslägren – logoterapins grunder,* 2006 *(3:e uppl.)*

Marianne Fredriksson: *Den som vandrar om natten,* 1988.

Bo Giertz: *Stengrunden,* 1941

Hjalmar Gullberg: *Att övervinna världen,* 1937.

Annette Haaland: *Pastor Viveka och tanterna,* 2016.

K.G. Hammar: *Samtal om Gud; herdabrev,* 1997.

Sören Kierkegaard: *Stadier på livets väg,* 1846.

Kyrkohandbok för Equmeniakyrkan, 2019.

Selma Lagerlöf: *Gösta Berlings saga,* 1891.

– *Kejsaren av Portugallien,* 1914.

Erik Lindorm: *Elegi och idyll,* 1922.

Bertil Malmberg: *Vinden,* 1929.

Margareta Melin: *Kärleken en bro,* 2007

Henri J M Nouwen: *Att söka en helhet,* 2001.

Larsåke W Persson: *Sinnesrobönen,* 2003.

– *Sanningar och gömställen; en själavårdsbok om att säga som det är,* 2004.

- *Hur hel kan man bli; En bok om livets begränsning*, 2010.
- *Mina steg; 7 dagars vandring till Santiago de Compostela och 70 år som pilgrim på jorden*, 2017.
- *Eftertanke och försmak; perspektiv på ett liv i tro*, 2021.

Psalmer och Sånger (PoS), 1987.

Bo Setterlind: *Den blomstertid*, 1971.

Tomas Sjödin: *Den som hittar sin plats tar ingen annans*, 2018.

Wilfrid Stinissen: *Jag dör inte, jag träder in i livet. En bok om döden och evigheten.* 2001.

Svenska kyrkans utredningar 2010:3: *Tystnadsplikt i Svenska kyrkan.*

Esaias Tegnér: »Epilog vid magisterpromotionen 1820«

Tomas Tranströmer: *Dikter och prosa 1954 – 2004*, 2011.

Paul Watzlawick, m.fl.: *Förändring – att ställa och lösa problem*, 1996.